| 中国当代研学丛书 |

文化

中国文化视域中的语言与逻辑

王克喜 黄海 | 著

图书在版编目（CIP）数据

中国文化视域中的语言与逻辑 / 王克喜，黄海著. —北京：中央编译出版社，2020.3
ISBN 978-7-5117-3791-5

Ⅰ. ①中…
Ⅱ. ①王…②黄…
Ⅲ. ①语言逻辑学—研究—中国
Ⅳ. ① H0-05

中国版本图书馆 CIP 数据核字（2019）第 285739 号

中国文化视域中的语言与逻辑

出 版 人：葛海彦
责任编辑：杜永明
执行编辑：纪宛伯
责任印制：刘　慧
出版发行：中央编译出版社
地　　址：北京西城区车公庄大街乙 5 号鸿儒大厦 B 座（100044）
电　　话：（010）52612345（总编室）　　（010）52612339（编辑室）
　　　　　（010）52612316（发行部）　　（010）52612346（馆配部）
传　　真：（010）66515838
经　　销：全国新华书店
印　　刷：三河市华东印刷有限公司
开　　本：710 毫米×1000 毫米　1/16
字　　数：186 千字
印　　张：15
版　　次：2020 年 3 月第 1 版
印　　次：2020 年 3 月第 1 次印刷
定　　价：89.00 元

网　　址：www.cctphome.com　　邮　箱：cctp@cctphome.com
新浪微博：@中央编译出版社　　微　信：中央编译出版社（ID: cctphome）
淘宝店铺：中央编译出版社直销店（http://shop108367160.taobao.com）（010）55626985

本社常年法律顾问：北京市吴栾赵阎律师事务所律师　闫军　梁勤
凡有印装质量问题，本社负责调换，电话：（010）55626985

目 录

第一章　语言与思维 …………………………………………… 1

第二章　中国语言与中国逻辑（上）………………………… 27

第三章　中国语言与中国逻辑（下）………………………… 70

第四章　"是"与"to be" …………………………………… 93

第五章　"不"的逻辑意义 …………………………………… 107

第六章　汉语中反向表达的辩证逻辑阐释 ………………… 124

第七章　中国的逻辑理论与思想 …………………………… 142

第八章　论逻辑的个性 ……………………………………… 168

第九章　关于中国语言与中国逻辑的反思 ………………… 186

附录一　逻辑与文化 ………………………………………… 203

附录二　逻辑东渐与中国文化 ……………………………… 215

主要参考文献 ………………………………………………… 228

第一章 语言与思维

第一节 什么是语言

在西方哲学史上,哲学的中心曾经发生过三次大的转折,或者称之为三次重大发展。第一次是柏拉图创立了本体论,确立了知识的对象或者说客体,从而确立了事物的本质或形式,即理念。第二次是笛卡尔创立了认识论,使哲学的中心课题再次转向从主体和客体的关系展开知识问题,探究人的认识自然、认识五彩缤纷的大千世界的认识能力和认识界限。第三次就是人们通常所说的现代西方语言哲学的"语言转向"(language turn),从而把哲学的主题从认识论转向对语言的研究,把认识论问题归结为语言问题,认为人类的认识能力和界限完全受限于自己所使用的语言。

西方的语言哲学家们把语言看作是打开哲学大门、领悟思辨、启迪睿智的钥匙。确实,语言使我们人类从野蛮洪荒走向理智文明,使我们人类获得了抽象思维的能力,它是人类本性中最为根本的一个方面,是人类区别于动物的标志；也是语言，犹如一把金梭划出的银河，把混沌世界分为了人类社会和自然界；同时，又是语言把世界的图像、图景如画卷一般呈现在人类的面前。人们要认识世界，认识世界的结构，认识人类思维的结构，无不要通过语言才能实现，诚如海德格尔说的那样，语言是存在的家园。不仅如此，哲学家们更是把语言看作是人类思想、文明、文化的归宿。哲学家们惊异地发现"语言是思想库"，人类世代积淀的认识成果、精神财富、文化艺术无不是通过语言保留下来的。语言不仅仅是交际的工具，而且是一切理性活动的工具。哲学认识本身无论如何也离不开语言。我们无法设想没有语言的民族会是一个什么样的民族，没有语言的人类该是一个什么样的人类，没有语言的世界又该是一个什么样的世界。

那么，语言到底是什么？

马克思主义经典作家对语言所作的阐述可以作为我们理解语言本质的范本。"语言是人类最重要的交际工具"（列宁），"语言是思想的直接现实"（马克思）。① 通俗地说，语言是以语音为物质外壳、以词汇为建筑材料、以语法为建筑结构的人类最重要的交际工具，语言作为一种社会现象，具有语音、语法、词汇、语义、语用等要素，是人类重要的符号系统。所以，"在一段时间内，我们只提语言是一种社会交际工具，不提语言是符号系统，那是片面的。国外一些语言学家只提语言是一种符号系统，不提语言是一种社会交际工具，那同样是片面的。比较全面的提法应该是：语言是一种作为社会交际工具的符合系统"②。

语言和逻辑学之间的关系也是非常密切的。从逻辑学的观点看，由

---

① 转引自［苏］兹维金采夫：《普通语言学纲要》，伍铁平等译，商务印书馆1981年版。
② 胡明扬：《语言与语言学》，湖北教育出版社1985年版。

于逻辑学是研究思维的，是研究思维的形式的，所以，逻辑学更重视语言的作为符号系统的本质性，因为逻辑是以语言为直接研究对象从而研究思维的，语言也就"是形式逻辑研究思维的中介，就是说，形式逻辑是通过研究语言来研究思维的"①。

语言作为逻辑学研究的直接对象，在逻辑学特别是在现代逻辑中的重要地位，以致有的逻辑学者提出了"逻辑研究的对象"是语言的看法，认为逻辑学上的符号公式或命题形式"只是一种语言形式"，而不是"思维形式"。② 这种看法有其自身的一定合理性，但逻辑学研究的对象是思维，只有思维才是逻辑学研究的最终对象，逻辑学研究语言的目的是"研究以语言为表述工具的思维，研究语形是为了研究它所表示的思维形式"③。

逻辑学的目的是要研究思维，而思维又是以语言为物质外壳的，所以，语言与思维之间的关系就成为逻辑学应该关注的问题之一。

第二节　语言与思维

逻辑学最终目的是要研究思维，而思维又是精神范畴的东西。思维只有经过物化的过程才能成为逻辑学的研究对象。思维的物化形式就是语言，这种语言因逻辑的不同而不同：现代逻辑研究人工语言；传统逻辑研究自然语言。所以，逻辑学是通过研究语言去研究思维的，这就使得语言在逻辑学的研究中占有特殊的地位。这样，语言和思维也就成了

---

① 程仲棠：《现代逻辑与传统逻辑》，暨南大学出版社1990年版。
② 程仲棠：《现代逻辑与传统逻辑》，暨南大学出版社1990年版。
③ 程仲棠：《现代逻辑与传统逻辑》，暨南大学出版社1990年版。

逻辑学物质和精神的表现，探究语言如何影响逻辑学，就必须研究语言和思维之间的关系。

然而，语言和思维之间的关系是一个极为重要而又极为复杂的问题，它就像是一个扑朔迷离的梦，吸引了众多的梦的解析者，心理学家、语言学家、哲学家、逻辑学家、文化学家无不为之进行殚精竭虑的研究。从语言关联性理论到认知假说，从种类发展到个体发生，为解决语言与思维之间的关系，人们进行了不懈的努力和追求。

1. 语言和思维关系的提出

语言和思维之间的关系问题，很早就已经提出来了。早在古希腊时代，哲人们就提出了他们的关于语言和思维的关系的看法，而且，他们的看法至今还影响着人们对这个问题的思索。柏拉图说："我有一个想法：心灵在思想的时候，它无非是在内心里说话，在提出和回答问题……我认为思想就是话语，判断就是说出来的陈述，只不过是在无声地对自己说，而不是大声地对别人说而已。"[①]

根据柏拉图的观点，思想就是无声的语言，因此二者是不可分割的。逻辑学家、哲学家亚里士多德对柏拉图的观点提出了截然相反的观点，他指出："说话是心理经验的符号，而文字又是说话的符号。人类不会有相同的文字，也不会有相同的发音；但是这些文字和声音所代表的心理经验以及这些经验所反映的事物，对大家都是共通的。"[②] 这即是说，语言只是思想的符号，思维不等于语言。

2. 论争的发展

语言和思维到底是可以分离还是不可分离，即语言和思维是同一的还是完全不同的两回事，二者之间进行了长期的论争，这种论争一直延

---

① 转引自桂诗春：《心理语言学》，上海外语教育出版社1985年版。
② 转引自桂诗春：《心理语言学》，上海外语教育出版社1985年版。

续到现代,直至今日。在中世纪时期,亚里士多德的说法在一定程度上得到了更多人的支持。到了18、19世纪,唯理主义者笛卡尔赞成亚里士多德的观点,而经验主义者霍布斯和柏克莱则主张柏拉图的说法。斯多葛学派和唯名论者结合思维的过程认为:"把部分综合为一整体,把整体分解为它的部分,和部分之间的相联系,都不是真实地存在着,而只是在思维和语言中才开始出现。"①

17世纪时期,笛卡尔认为,只有人类才有理性,而人类的理性就表现在只有人类才能具有语言这一点上。18世纪,德国著名语言学家洪堡特在他的《论人类语言结构的差异及其对人类精神的发展影响》中指出:"语言是形成思想的工具,纯粹精神的、全然内在的、无踪无迹的智力活动通过语言的声音而物质化并为人们所感知。思维和语言的活动因而表现为不可分割的统一体。思维必须与语言的声音相联系,否则思维便不能明晰,观念就不能形成概念。"②

20世纪初,美国行为主义心理学的代表人物华生认为言语是"出声的思维",思维是"无声的言语",行为主义学派的人还报道了他们通过科学实验证明了思维和语言的绝对同一,指出人在思维的过程中,即使没有有声的言语,但和发音有关的器官和神经系统都处于兴奋状态,如同说话时一样,仅仅是较为微弱而已。与此相对照,一些学者则表达了他们不同的观点。英国哲学家霍布斯就认为"心灵的推理"不需要语言,"一个人考察他面前的一个三角形,会发现它的三只角加在一起等于两直角,而他只是默默地想这件事,并不用任何语词,不管是

---

① 转引自桂诗春:《心理语言学》,上海外语教育出版社1985年版。
② [德]威廉·冯·洪堡特:《论人类语言结构的差异及其对人类精神发展的影响》,姚小平译,商务印书馆1999年版。

心照不宣的语词还是说出来的语词"。① 柏克莱在其所著《人类知识原理》中写道:"我不论考察任何观念,都要努力来观察赤裸裸的观念,而且要努力把因经常使用而与它们常相关联的那些名称摆脱于我的思想之外。"② 杜林公开宣称:"谁要只能通过语言来思维,那他就永远不懂得什么是抽象的和纯正的思维。"③

  我国语言学界的研究者一般都持语言和思维统一的观点,这种观点主要是受马克思主义经典作家论语言问题的影响。斯大林在《马克思主义与语言学问题》中指出:"不论人的头脑中会产生什么样的思想,以及这些思想在什么时候产生,它们只有在语言的材料的基础上、在语言的术语和词句的基础上才能产生和存在。"④ 从 20 世纪 50 年代开始,斯大林的观点也就成了我国语言学界、哲学界、心理学界的指导性思想。1986 年上海教育出版社出版了伍铁平先生的《语言与思维关系新探》,打破了"语言和思维"统一观的禁忌,使得语言和思维之间的关系又一次掀起了热烈的讨论。讨论的结果,便是依据国外的一些研究成果出现了几种代表性的观点:(1)思维与语言同一论,认为思维和语言没有丝毫的差异,把思维看成是无声的语言。(2)思维决定语言,强调语言和思维各自独立,夸大思维的作用,否定语言在思维活动中的重要作用和地位。(3)思维活动中需要借助于语言及其转化形式进行信息处理,但是思维过程中主体还要借助于其他中介因素。⑤

---

  ① 转引自胡明扬:《语言与语言学》,湖北教育出版社 1985 年版。
  ② [英]柏克莱:《人类知识原理》,关文运译,商务印书馆 1973 年版。
  ③ [德]恩格斯:《自然辩证法》,见《马克思恩格斯选集》第 3 卷,人民出版社 1972 年版。
  ④ [苏]斯大林:《马克思主义与语言问题》,李立三等译,人民出版社 1951 年版。
  ⑤ 王晓升:《语言与认识》,中国人民大学出版社 1994 年版。

3. 从逻辑学的观点看待语言和思维的关系

要弄清语言和思维之间的关系,必须首先弄清什么是思维。思维是一个十分复杂的心理过程。一般认为,思维是人脑对客观外界的能动的间接的概括的反映过程。人类的认识过程可以分为感性认识和理性认识两个过程,人类认识运动的总规律是实践—认识—实践的过程,也即感性认识—理性认识—再回到实践中的过程。感性认识过程的感觉、知觉和表象都不是思维,只有进入理性认识,进行抽象、概括、分析、综合、比较以形成概念、判断、推理的过程才是思维过程。根据这样的理解,我们再去分析一下以上几种观点:

(1) 思维决定语言说

首先,从种系发展看语言和思维。维果斯基(Vygotsky)在《思维和有声语言的遗传根源》里指出:"从种系发展的角度来看,思维与语言具有不同的遗传根源,它们的发展也不是平行的,其发展曲线常常会交叉。"[①] 维果斯基认为猩猩有一定的智力,能够把一根小树枝套在另一个大树枝的孔洞里,接成一个长树枝去打果子。维果斯基甚至认为黑猩猩也有自己的"语言"——虽然和人类的有声语言很不一样,例如它能够使用面部表情和手势。[②]

本书认为维果斯基的观点和理论值得再研究。首先,大猩猩的一些活动包括使用工具并不就具有"能动的、间接的、概括的反映过程",相反倒更是一些直接的具体的零碎的,为了生存而作的一些本能活动,这不是思维,因此无法以此作为类比论证人类在种系进化过程中曾经有过有思维而无语言的阶段,更无法说明思维是如何决定语言的。其次,黑猩猩的语言明显地不具有系统性,更难以适应复杂的社会交际,更不

---

① 转引自桂诗春:《心理语言学》,上海外语教育出版社 1985 年版。
② 转引自桂诗春:《心理语言学》,上海外语教育出版社 1985 年版。

要说进行逻辑运演过程了。

恩格斯在1876年写的《自然辩证法》中明确指出："一句话，这些正在形成中的人，已经到了彼此间有些什么非说不可的地步了。需要产生了自己的器官：猿类不发达的喉头，由于音调的抑扬顿挫的不断加多，缓慢地然而肯定地得到改造，而口部的器官也逐渐学会了发出一个个清晰的音节。……语言是从劳动中并和劳动一起产生出来的，这是唯一正确的解释，拿动物来比较，就可以证明。动物之间彼此要传达的东西也很少，不用分音的语言就可以互相传达出来。"① 恩格斯在这里是要说明劳动创造了语言，并强调人类社会，人类和理性（思维），还有劳动，是和语言一起诞生的，强调语言和思维的不可分性。

法国著名的语言学家、哲学家德里达认为语言没有开端，即无所谓语言起源的说法。如果语言没有起源，没有源头，实际上就是说有了人类才有语言，才伴生着思维，没有人类就没有语言，没有思维，这是在一定程度上强调了语言和思维的一种共生关系。

本书认为，从语言和思维的关系来看，可以把思维分为两种，一种是前语言思维，这种思维是指人类或个体在没有掌握语言之前的一种智力体现，它属于个人的，既没有模式也没有序列，更不用说用来进行复杂的经验活动的组织，严格地说，它不能称为思维，因为它与我们所说的思维（主体对客体能动的、间接的、概括的反映过程）相去甚远。另一种思维是语言思维。人类进化一旦成熟，就找到最便利、最为有用的交际工具——语言，便一刻也离不开它。因此，语言和思维体现为密不可分的关系，尤其是社会群体中的人，它的思维必须借助于语言来表达，才能为共同体内的其他成员所接受所理解，也使得人类群体的语言

---

① ［德］恩格斯：《自然辩证法》，见《马克思恩格斯选集》第3卷，人民出版社1972年版。

思维具有一定的模式、一定的序列。由于使用语言作为表达思维的工具，这时的思维便可以组织复杂的经验活动，人类也具有认识世界和改造世界的能力。

（2）思维独立说

思维独立说是思维决定语言的一种弱式理解，认为思维可以完全脱离语言而存在。这种观点认为个体发生时孩童的前语言阶段的"思维"，以及人们平时在思考问题时所产生的顿悟思维（或者叫灵感思维），可以脱离语言而存在。我们认为个体发生的有语言之前的所谓"思维"不是严格意义上的思维，这种思维无法形成概念、判断和推理，只能是认识的感性阶段。所谓的"顿悟思维"作为一种思维形式是否存在尚在争论不说，即使有这样一种思维形式，它也是逻辑思维（抽象思维）的又一表现形式，它也一定要用语言作为物质外壳，作为表现形式。著名科学家爱因斯坦在给数学家哈达马德的信中认为："在我的思维机构中，书面或口头的文字似乎不起任何作用。作为思想元素的心理的东西是一些记号和一些明晰度的意象，它们可以由我'随意地'再生和组合。……这种组合活动似乎是创造性思维的主要形式。它进行在可以传达给别人的、由文字或别的记号建立起来的任何逻辑结构之前。上述的这些元素就我来说是视觉的，有时也有动觉的。通用的文字或其他记号只有在第二阶段才能很费劲地找出来。此时上述的联结活动已经充分建立，而且可以随意地再生出来。"[①]爱因斯坦的创造性思维中的元素是视觉的、动感的，那么，这些元素总得有一定的名称，总得有一定的性质。动觉的也好，视觉的也好，它们也一定不能脱离语言而存在，必须由一定的语言组织起来，才能认识事物的。哪怕是视觉

[①] 转引自胡明扬：《语言与语言学》，湖北教育出版社1985年版。

中或者动觉中从未见过的现象，可能一时没有现成的名称，但可以通过语言的整合，给这个不知名的对象进行说明，这正如空概念一样，"美国女总统"是一个有其内涵而无所指称的摹状词，但我们可以运用语言在头脑中整合出［美籍］＋［女性］＋［总统］的图景，这也同样离不开语言。所以，爱因斯坦也承认："如果一个人构成或者可能构成他的概念时可以不用周围的语言来指导，那么我们就可能倾向于认为思维的作用是同语言完全无关的。但是在这样的条件下生长起来的一个人的精神状态是非常贫乏的。因此，我们可以下结论说，一个人的智力发展和他形成概念的方法在很大程度上是取决于语言的。"① 如果有灵感思维，那么这种思维也一定是语言的思维，是在语言的基础上产生的，它无论如何不能脱离和超越语言而存在。

诚如著名的语义学家沙夫所言："尽管命题（和判断）是逻辑学和心理学所研究的，而语言却是语言学和逻辑学研究的。思想过程总是以语词的形式出现；更严格点说，思想过程总是语言的。真实的情形不是：我们独立地经验到一个命题作为关于某事物的思想，此外又独立地经验到某种语言过程，即了解到那些有关的语词及其组合。真实的情形也不是思想的语言表达（即具有相应的意义的那种语句）是后来才附加思想上的。语句不是关于任何思想或命题的任何表达，因为，根本不可能有这样的情形：先出现一个（甚至在心中）不具有语词的思想或命题，然后才把表示它的那些语词附加到它的身上。"②

语言和思维的关系是非常复杂的，因为我们现在还不能破译思维的黑箱——人脑中的很多器官是如何思维、如何语言的，但我们可以根据研究的成果认为思维和语言是统一的，尤其是从逻辑的观点来看，逻辑

---

① 转引自胡明扬：《语言与语言学》，湖北教育出版社1985年版。
② ［波兰］沙夫：《语义学引论》，罗兰、周易合译，商务印书馆1979年版。

学所研究的思维必须以语言作为依托,作为物质外化的形式,离开了语言的思维(也不存在这样的思维)无论如何不能成为逻辑学研究的对象。因为没有语言形式作为中介,逻辑学就无法研究思维,也就不能产生以思维为研究对象的逻辑学。逻辑学发生、发展的历史充分地说明了这一点。

第三节 语言影响思维

思维和语言是不可分的,没有语言,就不可能有人的理性思维;同样,没有思维,也就不需作为物质外化形式的语言。但语言和思维毕竟不是同一的东西,而是两个不同的概念,精神的思维与物质的语言二者之间是不能画等号的。马克思和恩格斯说,思维和语言"具有同样长久的历史","精神从一开始就很倒霉,注定要受物质的'纠缠',物质在这里表现为震动着的空气层、声音,简言之,即语言"。①

思维注定要受到作为物质的语言的纠缠,这就清楚地表明了语言对思维的影响,这是因为,首先,语言和思维一样,是属于人类社会的产物,劳动创造了人,同时也就有了思维和语言。从种系的发展历史看,语言的产生和发展的基础是作为人类的生产劳动;从个体的发展历史来看,儿童在人类的社会交际与活动中学会语言。作为个体对语言的掌握和运用过程的言语,它在人的心理发展中,在人的思维发展中,起着重大的作用,它使人的思维具有自觉性与能动性。其次,不管是种系发展还是个体心理、思维的发展,语言一开始就是以思维的物质外壳形式出

---

① [德] 马克思、恩格斯:《德意志意识形态》,见《马克思恩格斯选集》第1卷,人民出版社1972年版。

现的。语言本身所具有的概括性功能，就成为思维的工具。由于有概括化、抽象化了的语言，才能够打破感觉器官的局限性，使人的感觉、知觉和表象上升为理性的思维；非语言不能使人们的认识进入理性。概括化的、抽象化了的语言成分，诸如词、句、句群及其所具有的联系，为承担概念、判断和推理提供了外壳或外衣式的保证，人们就是借助于语言，运用概念、进行判断、组织推理来作为思维材料进行思维的。由于有了概括化的抽象化的语言，同一时代的人们彼此交流思想、传授经验才成为可能，而且更为重要的是，语言通过自身的概括化、抽象化把一个民族不同时代的人们联系起来，使得继承历史经验、形成知识体系也成为可能，所以，语言不仅仅使人们的思维成为一种概括反映，同时，也使人们的思维成为以知识为中介的间接反映。最后，对一个个体的人来说，他的思维成熟是以把握语言为先决条件的。语言的逐步掌握和言语的不断发展成熟，也逐渐推动他的思维内容日益丰富，思维样式日臻完善，从而促进其思维能力的不断发展。所以，语言对思维有着一定的影响，有时这种影响甚至被看作是起决定性作用的。"再一种是语言决定思维。这种观点西方心理学家也有过论述……但主要还是苏联心理学家的理论。……苏联心理学家强调语言、言语与思维发展是相辅相成的，语言决定思维的发展，思维的发展对言语的发展又起着反作用。……我们认为苏联心理学家的这种观点是正确的。"① 正如苏联著名的心理学家列夫·谢苗诺维奇·维果斯基所指出的那样："这使我们看到了另一个无可厚非的重要事实：思维发展受制于语言，也就是说，思维发展是由思维的语言工具和儿童的社会文化经历所决定的。"②

---

① 朱智贤、林崇德：《思维发展心理学》，北京师范大学出版社1986年版。
② [俄] 列夫·谢苗诺维奇·维果斯基：《思维与语言》，李维译，浙江教育出版社1997年版。

那么语言又是如何影响思维的呢？在这方面有很多的语言学家做了有益的探索，不管他们的理论是正确还是错误到了一个什么样的程度，他们的研究充分说明了语言对思维的影响。

在 20 世纪上半叶，美国有两个语言学家致力于语言影响思维的研究，这两个人就是萨丕尔和沃尔夫。经过研究，他们发现北美那些使用印第安语的人对客观世界上存在着的事物有着与欧美人极为不同的看法。在研究的基础上，他们提出了这样一种看法，即北美那些使用印第安语的人的观察以及思考方式与欧美人之所以不同，是因为他们二者使用了不同的语言，语言的不同结构，导致了人们对客观世界的不同看法，这就是著名的萨丕尔—沃尔夫假说。

萨丕尔曾经用一个非常有趣的例子来说明他们的假说："设想在我们面前发生了这样一个客观事件：一块石头掉了下来。对于所有的观察者来说，这个事件都应该是一样的，所有的观察者所感觉到的是同样的内容。但是当这些观察者们将这个事件表现在意识上时，他们就要用语言来做到这一点。这时，使用不同语言会使你意识到不同的图景。如果你是讲英语的，你将这个事件分析成两个部分：'石头'这个事件以及'掉下来'这个运动。如果你是讲法语的，你会将这个事件归于阴性类。而讲德语的话将其看做是阳性的。在所有这几种语言中都必须确定石头是确指的——'这块石头'，还是泛指的——'有一块石头'。但如果你是讲俄语的话，就觉得这是不必关心的。如果你是讲奇普瓦语的，你就得立即指明，这件事是属于无生物。如果你是讲夸千乌都语的，你就会觉得一定要说明这物件是处在说话人看得见还是看不见的地方，还要说明这物件是处在靠近说话人的地方，还是靠近听话者的地方，或者靠近某个第三者的地方。对于说英、法、德等语的人来说，你必须说明掉下来的是一块还是几块石头，而对说夸千乌都语的人来说数的差别是不重要的。对于说英、法、德等语的人来说,你必须说明这个运动是在什么时间发生的,但对说夸千乌都语的人来说,这也是不必要的。在所有这些语言中,我们都保持了一个对整个事件的基本分析,即一边是一个物件,一边是这个物件所经过的运动。人们会有这样的看法,以为这种分析是客观的、唯一可行的。但是,这也是一个我们的语言习惯所给予我们的错觉。如果你是讲努特克语的,你对这个事件的分析就会完全不同。在努特克语中,你不必用一个词来特别地表示石头这个物件,在这种语言中,你用一个动词来表示石头或类似石头的物件的运动,然后你再加上一个小词表示这个运动是向下的。这样在讲努特克语的人的意识中,对这个事件是从根本上分析成一个运动和运动的方向这样两个部分的。"①

萨丕尔所举的这个简单的例子,意在向我们展示一定的语言结构对人们认识分析客观事物的影响。由于人们受一定的语言范畴的制约,这必然会影响到人们对客观事物的理解和认识。换句话,客观事物反映到我们的意识之中,必定受到语言结构的形形色色的影响和制约。萨丕尔甚至把各种不同的语言比作不同的几何坐标,同样一个几何体,会由于处在不同的坐标中而具有不同的表述,其几何点之间的关系也会由此而显出差异。我们从一种语言转到另一种语言,就像一种几何坐标转换到另一种几何坐标系一样。我们学习外语的人都有一个这样的切身感受,学习什么语言,就要用什么语言思维,否则,学习的外语一定是"洋泾浜"式的语言,母语不像母语,外语不像外语。

如果对使用汉语的人和使用英语的人分别提问同一个问题,我们就会发现,其中反映了不同民族语言所具有的不同心理特征和文化形态。

---

① 褚孝泉:《语言哲学——从语言到思想》,上海三联书店1991年版。

对"你从来没有去过新疆吗?"这样一个问题,使用汉语的人就会有两种回答,"是的,我从来没有去过新疆"和"不,我曾经去过新疆",这种回答表明汉语的特点是对对方所提出的问题作出相应的反应。而英语呢,对"Have you never been to Xinjiang?"则也有"No, I have not."和"Yes, I have."两种回答,这种回答表明英语的特点是对对方提出的问题反应不够,而是更关心对事实所作出的反应。

如果说萨丕尔的理解是一幅具体而生动的图画的话,那么沃尔夫的概括则多少有些抽象。沃尔夫指出,任何科学都是从言语开始,并以言语作为结束的。从言语开始,即是说由于不同的人们使用不同的语言,运用不同的语法范畴去观察客观世界,必然因受到不同的语法特性的影响而产生对世界的不同观察,以及对相似的观察作出不同的估价。所以,不同的语言会使人们成为不同的观察者,这些不同的观察,最终会导致不同的世界观。以言语作为结束,则是说由于人们操不同的语言去观察、认识、理解客观世界,人们的思维样式一定会受到不同的语法结构和不同的语法特性的影响,从而打上一定的语言烙印。西方科学崇尚严密的论证、缜密的逻辑分析,这是与西方语言自身的这种系统性、缜密性分不开的。沃尔夫认为西方科学就是通过对西方印欧语言的基本语法结构进行普遍化而实现的。沃尔夫在他的遗著《语言、思想与现实》之《科学与语言学》中运用自己的研究成果,向自然逻辑(自然语言逻辑)发起了挑战。沃尔夫认为,自然逻辑由于认为语言无非是用来表达思想,支配思想的是逻辑和推理,不同的语言无非是表达这些思维样式的不同手段,使得自然逻辑必然存在两大谬误。第一,自然逻辑认识不到语言现象主要是一种"背景性"现象,这种背景性现象因语言而异,没有共同规律,更不可能成为推理的共同基础。一般人尽管可以很流利地使用语言,却不一定有语言的背景知识。任何人,包括逻辑学家在内,在进行逻辑推理时,一定必须使用他自己的语言,都在无意识地运用那些他自己无法控制的背景知识。第二,自然逻辑把通过使用语言而取得一致的意见跟语言本身混为一谈。沃尔夫认为语言的形式和分类是一种十分复杂的系统,人们在取得一致的意见之前必须共同掌握这个系统,因为一切协议都要通过语言过程才能达到。沃尔夫进一步对自己的这种假说进行解释:"每种语言的背景系统(即语法)是表达思想的一种再生产的工具;确切地说,它本身就是思想的塑造者,是个人心理活动、个人分析现象、个人综合思想资料的纲领和指南。思想的形成不是独立的过程,而是某种特殊的语法的一部分;在各种不同的语法中,思想形成会多少有些不同。……五光十色的世界是通过我们内心的语言系统而组织起来的。……除非人的语言背景是一样的,或是经过某些方法取得一致,否则就让人们接触了同样的自然现象,他们也不会对宇宙取得统一的看法。"①

沃尔夫的观点是建立在他对英语和印第安语的比较研究之上的。透过英语和印第安语的比较,沃尔夫发现,英语中很多词都可以分为两类,各有不同的语法和逻辑特性。第一类是名词,如 house(房子)、man(人们);第二类是动词,如 hit(打)、run(跑)。尽管在英语中名词可以时常用为动词,动词也可以时常用为名词,但是动词和名词这两种词类的划分却是十分明显的。沃尔夫认为这是英语对自然的两极划分。而在荷比语(Hopi)里,就不再采用这种划分。同英语相反,荷比语中,表示短暂性的事物都是动词,如英语中的 lightning(闪电)、wave(波浪)、flame(火焰)、meteor(流星)都是名词,但在荷比语里就必须是动词才能表达这些概念。荷比语采用按时间持续性来划分事

---

① 转引自桂诗春:《心理语言学》,上海外语教育出版社1985年版。

件，这与说英语的人的思维方法很不同。因此，沃尔夫得出结论认为，人们不可能根据自然来对"事物""关系"这类词下定义，要下定义必须使用下定义的人的语言中的各种范畴。"温哥华岛的 Nootka 语又同英语不一样，同荷比语也不一样，它对各种事物都只用一类词来表示，根本没有名词和动词的区分，在我们听来，好像什么都是动词，例如，不说'房子'，而说'住'。还有，在荷比语里，一切在天上飞的（除了鸟以外）都叫 masa'ytaka，在英语里却要使用不同的词；相反的，在英语里只有 snow（雪）一个词，而因纽特人却有不同的词来称呼正在下着的雪、风吹起来的雪，等等。"①

在语法结构方面，不同的语言之间的差异就更大。英语中主谓宾结构明显，而且必须成分完备，否则，就算是句子残缺。而古代汉语里，语法结构就不具有明显的主谓形式，往往是省略主语，甚至是不需要或者不能说出。如"声伯如莒，逆也"（《左传·成公八年》），"吾不先告子，是吾罪也"（《左传·定公十三年》）。至少可以说，古代汉语中很少有与英语中相对应的主谓宾语句。

根据沃尔夫的研究，荷比语是一种不表示时间性的语言，时间在荷比语中几乎不起什么作用，因而也不具有英语中的现在时、过去时和将来时的时态划分。时态在不注意时间观念的荷比语中不具有语法意义。例如，一个说荷比语的人只能说"I left on the fifthday"，而不会说"I stayed five days"这样的语句，"这是因为 Hopi 语和英语时间观念不一样，英语可以把主观意识到的时间客观化，把'五天'作为一个想象的单位；而 Hopi 语则不同，它不能把持续的时间客观化，像'天'这样的词是没有复数的，作为一个单位，它只能一个一个地计算"②

---

① 转引自桂诗春：《心理语言学》，上海外语教育出版社 1985 年版。
② 转引自桂诗春：《心理语言学》，上海外语教育出版社 1985 年版。

萨丕尔—沃尔夫假说，又被称为语言的关联性理论，向人们展示了语言是如何影响人的思维，甚至思想的。对这种语言的关联性理论的解释也是呈现了不同的态度，一种理解认为，语言对人的思维，人的世界起到了某种程度的影响乃至限制，语言并不能对人的思想起决定性作用。一种理解认为，语言完全地制约和塑造了人的思维，讲一种语言的人必然是具有一个模式的思想，从一种语言到另一种语言，人们需要从一种思想方法转换到完全不同的另一种思想方法。前者是一种弱式解释，后者则是一种极端性的解释。

　　萨丕尔—沃尔夫假说，就其基本观点来说，有悖于人类的认识过程，多少年来受到很多学者的批判。但就语言影响思维这一点上说，其中确实包含有合理的成分，也正是因为这一点，这种假说也被很多的学者所接受，这是因为人类个体对客观外界的认识，并不都是完全依赖于直接的实践经验，我们不可能也做不到对每一件事、每一个对象的亲身体验。只有人类的发达的第二信号系统，借助语言，才能传递信息。可以说，人生来是通过语言来认识世界的，语言帮助人们形成特定的思维和表达习惯。现代符号学更是把语言理解成一个完整的信息系统，学习了一种语言，必然地同时学习包含在该语言中的文化系统，也必然要学习到该民族文化现象中最基本的文化特征——思维样式。人类通过语言认识客观世界，同时人类对客观世界的这种认识也必然要受到语言的限制和影响。正是因为萨丕尔—沃尔夫假说中的这些合理成分，在沃尔夫逝世、其学说沉寂了十年后，1953年、1958年美国学者先后举行两次专门的讨论会，并按假说中的理论进行实验证明。实验的结果表明，假说并没有被完全证实，也没有被完全证伪。① 因为对待这种假说的理解

---

① 中国大百科全书总编辑委员会《语言文字》编辑委员会、中国大百科全书出版社编辑部编：《中国大百科全书·语言文字》，中国大百科全书出版社1988年版。

必须有一个合理的限度,即必须强调语言对思维的影响作用,而不是决定作用,影响的是思想样式,而不是思维内容。

语言对思维的影响,如果语言的相关联理论还不能说明问题的话,那就让我们举一个现代科学的例证。"设想你正在自己的多媒体电脑上观看一幅叫作《伟大的艺术家》的光盘,屏幕上出现了康斯泰勃尔的名作《运干草的马车》。画面非常漂亮。拿一只高倍放大镜对准屏幕,你会发现情况开始糟糕起来,出现了很多小点,它们直径相同(在14英寸的显示器上通常是0.28毫米)、数量有限(一共307200只)、色彩各异但是也有限(就这张光盘而言,一共是256色)。放大镜无情地撕下了这幅乡村风景名作在电脑时代温情脉脉的面纱,而事情远远没有结束。如果我们再沿着电子枪视屏接口、中央处理器一路追踪下去,这些彩色的小点,就会被还原为面目狰狞的机器语言,而机器语言又可以被还原为二进制源代码。最终,一切美妙的声音、图像、文章都可以还原成两个最简单的数字:0和1。一切复制都在0和1(阴和阳?)的层面上绝对无损耗地进行着,惊奇吗?沮丧吗?"① 这该是语言影响思维,语言形式影响思维样式的现代经典注解了。

沃尔夫倡导一切科学都从言语开始,而以言语结束。无独有偶,对20世纪思想界具有重大影响的尼采也持同样的观点,甚至可以说更为激进。"他认为一切开始于语言,上帝也好,理念也好,历史也好,在他看来都不过是一个语词。尼采认为从柏拉图开始西方哲学传统从根本上就错了。错就错在将意义与其形式割裂开,将所指与能指分裂,然后又将脱离了语言形式的意义无限扩大,予以绝对的至上的地位,并把自己的信仰建立在这上面,完全忘记了这信仰的根基不过是些词语。"②

---

① 严峰:《数码复制时代的知识分子的命运》,载《读书》,1997年第1期。
② 褚孝泉:《语言哲学——从语言到思想》,上海三联书店1991年版。

按照尼采的观点，印度、希腊和日耳曼哲学思维之间的那种奇异的相似性，正是由于这些哲学讲的都是印欧语系的语言。相似的语法范畴诱导出对宇宙的相似的解释。因而，语法功能的作用会引导思想去发展出某种类型的哲学，同时阻禁了思想向另外的方向发展。

尼采所提出的语言对哲学思想具有决定性作用或影响的说法，还只是一个假说，认为中西思想的差异的根源在于语言的差异也是一个待证的理论或观点。因为语言和哲学虽然有很多相互影响的因素存在，但语言对哲学的影响依然只能是形式上的影响而不是本质内容上的影响，哲学是关于世界观的学问，对世界的认识，虽然也需要借助于语言，但世界本原的面目对哲学的产生和印象才具有决定性的作用。因为哲学研究的对象是客观世界而不是语言。

萨丕尔—沃尔夫假说也罢，尼采假说也罢，都是把语言看作是对思维乃至思想具有决定性影响的东西，不管他们的观点在后世影响如何，也不管他们的观点正确到一个什么样的程度，我们至少可以退很多步说语言对人们的思维有影响作用。而且这种影响在某种程度上说有时会呈现出本质性的面貌特征。应该承认，语言对人们的思维样式有影响，语法结构、语法范畴、文字符号等的不同，对人们的思维确实起着一定程度的影响。

从个体发生的角度看，孩童从呱呱坠地来到人间开始，就在社会的环境中很快学会了大人的言语或语言。肯定地说，这时的孩童并不形成系统的世界观，也不具有理性思维的特征，无法形成概念，更不用说去进行判断和推理了。他所接受的是父母及周围人群所习焉不察的语言。作为一个孩童，囫囵吞枣般地吃下许多有的懂、有的不懂、有的似懂非懂的语言或言语，也就必然地学习了这些语言中的范畴，以及这些范畴所表现的思维。然后随着年龄的增长、思维的成熟，才用掌握的母语作为工具去认识世界，分析世界。从孩童很早就熟练地把握语言而思维很不成熟这一点来看，语言对人的思维起着重要的影响作用，这种影响确确实实存在，确确实实在发生。

　　汉语中的序数、基数、分数在结构上确实比英语中的序数、基数、分数要简洁明了很多，既便于儿童记忆，也便于儿童理解。这是说亚洲语言儿童的数学比说英语儿童的数学要好的原因。由此可见，语言、语言结构对人们影响的不是思维内容，而是思维结构，语言结构对人们的思维结构的生成具有一定的制约性。这是因为，儿童学习的是已经既成事实、又成系统而且无法再创造的母语，母语的结构伴随着儿童成长。从个体发生看，儿童掌握语言的能力，远远地超过其掌握思维的能力，这即是说，儿童很可能已经掌握了母语，而思维可能刚刚起步，以成熟的母语来表达或表现尚不成熟的思维，足以说明，人们的思维受到了语言的影响。思维的逐渐成熟，是在成熟了的语言的指导下进行的，这在某种意义上说，一定的语言结构，对思维的影响作用是带有决定性的。因纽特人可以说出各种各样的具体的雪，可以用不同的词来称呼正在下着的雪、在地上的雪、像冰块的雪、半溶化的雪、风吹起的雪，等等，但是在因纽特人的语言里，就是没有一个概括意义的"雪"字，对于因纽特人来说，"雪"的概念就非常之难以理解。同样，由于中文（汉语）里叔、舅、伯、姑爷、姨夫称呼明确，这对于用英语交际的人来说，有些不太好理解，反过来，中国人对英语的这些称呼统称之为"uncle"也十分不好接受。语言中这种词汇之间的不对应性，或叫作空档，往往造成两种语言之间的不平衡，甚至思维的不通约。古代汉语中的诗、词、绝、赋、曲以及骈文，由于注意意境的创造，讲究平仄的对应，恐怕只有熟悉或者精通汉语的人才能欣赏，才能玩味其中的情趣。像"寻寻觅觅，冷冷清清，凄凄惨惨戚戚"，像"枯藤老树昏鸦，小桥流水人家，古道西风瘦马，夕阳西下，断肠人在天涯"，像"南风知我意，吹梦到西洲"，像"木犹如此，人何以堪""洛阳亲友如相问，一片冰心在玉壶"等，不一而足，如果把它们译成英文只能是有意义而无声音之美，有声音之谐而难有意境之胜，"鱼"与"熊掌"恐难兼得。语言之间的翻译成功，说明了语言之间普遍性特征存在，也同时说明人类思维的普遍性特征存在，也才有民族之间的通约性；但翻译过程中也会有翻译失真，甚至无法翻译的情形，这也同样说明了人类语言之间的特殊性特征存在，也同样说明了人类思维的特殊性特征存在。

就如同毛笔宜于写粗大的字，钢笔宜于写细小的字一样，人们往往认为一定的语言所具有的某种内在秉质适合于一定的思想内容的发展和表达，这种看法由来已久，懂一种或者几种外语的人的这种感受就更加深刻而切肤。在很多研究文化、文化史、思想史的著作里，我们常常可以看到类似于这样的说法："希腊语是一种语法结构的区分细致缜密的语言，所以希腊人的思维也精密周到；说法语具有明确的优美的特征，所以法语适合于外交言辞；还有的认为意大利语具有非常的音乐性，所以在意大利艺术就特别昌盛，等等。"① 这些说法虽然有些牵强，但其中有很多合理的成分。

1958年，法国学者本维尼斯特发表了题为《思想的范畴与语言的范畴》的论文，一石击起千层浪，在学术界引起了强烈的反响。本维尼斯特的目的是为了证明语言和思维二者之间既不是相互独立的，也不是互相对立的，而是同一的，即语言和思维具有同构关系，思想只有存在于一定的语言形式中才能实现，才能为人所理解，包括思想者本人。本维尼斯特通过分析比较思想范畴与语言范畴之间的关系来讨论语言和

---

① 褚孝泉：《语言哲学——从语言到思想》，上海三联书店1991年版。

思维之间的这种关系。在哲学中，思想范畴向来一直被认为是属于纯粹的、普遍的思想领域，被认为是能够独立于语言特征之外的。而在语言学中（也包括在哲学中），语言范畴则不具有普遍性特征，它的范畴是因语言的不同而不同的。

本维尼斯特的研究是建基于一个具体的思想范畴体系和一个具体的语言范畴体系。他选择了在西方乃至在全世界被公认为博学、权威的哲学家、思想家、逻辑学家的亚里士多德的思想范畴，同亚里士多德的表达其思想的希腊语语法范畴进行比较。可以说，本维尼斯特的选择具有典型意义，也具有无可辩驳的说服力。

亚里士多德在他的逻辑学论著《范畴篇》中提出了十个范畴。所谓范畴，是指科学中最基本的、最一般的概念，是人的思想对事物的普遍的、本质的概括反映。亚里士多德《范畴篇》的十个范畴为实体、数量、性质、关系、地点、时间、姿态、状况、活动、遭受。亚里士多德提出这十个范畴，一方面是为了表明客观物质世界的实体、性质、关系等，是作为纯粹的思想的内容提出来的；另一方面是为了表示命题或判断的最普遍的谓词，是命题谓词的分类，也是作为逻辑学的基本范畴提出来的。这即是说，亚里士多德提出的十大范畴是为逻辑学的创设服务的，就如同概念、判断、推理一样，是逻辑学的重要内容和基石。

亚里士多德认为人类对一个存在物能够进行的就是这十个范畴的认识，人们历来也将这些范畴视为人的思想活动的概括。本维尼斯特把亚里士多德这十个代表思想概括的范畴，同希腊语中的语法范畴进行了逐一比较，结果发现亚里士多德的思想范畴与希腊语的语言范畴惊人地圆满吻合。通过对亚里士多德对各个范畴的定义和其例子的分析，本维尼斯特有力地证明了他的结论：第一类范畴"实体"，事实上都是语法中的名词；第二至第六类范畴，"数量、性质、关系、地点、时间"都是不同的形容词。"值得注意的是这些不同类别的形容词都是以其各自不同的形态特征而在希腊语法中明显地各自成类别的,比如表示数量的性质的形容词是从代词变化而来的,在古希腊语中一向是以其形态特点而被作为形容词中的独立的两小类的。其他表示关系、地点、时间的词类也一样。"①

亚里士多德的十个范畴中,前六类都是属于名词性词类,后四类都是属于动词性词类。在动词性范畴中,有两类非常好解释,这两类的"活动"和"遭受"恰好是希腊语中动词的主动语态和被动语态,亚里士多德的定义和所举的例子再清楚不过地显示了这一点。但十大范畴中的"姿态""状况"范畴似乎很不易看出其来源,亚里士多德对"姿态"范畴所用的例子是"坐着""躺着",对"状况"范畴所用的例子是"穿鞋的""武装的"。历来亚里士多德的研究者们对于亚里士多德何以会作出"姿态"和"状况"这两个范畴困惑不解。一是西方现行的语言中不具有"姿态""状况"的范畴。二是这两个范畴所表达的内容远远不及"活动"和"遭受"两个范畴所表达的内容普遍而重要,甚至可以说,"活动"和"遭受"两个范畴所表达的内容完全可以涵盖"状况""姿态"两个范畴所表达的内容,有的注释家们甚至认为亚里士多德在十大范围中混淆了主要的和次要的内容。

本维尼斯特经过仔细对比分析研究得出结论,指出亚里士多德之所以列出"姿态""状况"这两个范畴,完全是因为受制于希腊语言语法的特点。在希腊语中,动词有一个中介态,还有一个完成时态,中介态可以表达的意义之一正是像"坐着""躺着"这样的状态,而完成时态可以表达的意义之一正是像"穿鞋的""武装的"这样的状态。在我们

---

① 褚孝泉:《语言哲学——从语言到思想》,上海三联书店1991年版。

今天的研究者看来，似乎中介态和完成时态并不重要，但在古希腊语法中，中介态和完成态同主动态、被动态一样重要，因为被动态实际上是从中介态发展演化而来的一个形态。通过研究，本维尼斯特揭开了"姿态""状况"这两个范畴的来源之谜，建立了亚里士多德思想范畴与语言范畴之间的一一对应关系，强有力地论证了亚里士多德的思想范畴，其实是一种语言范畴，也可以说，亚里士多德的思想范畴不是一个普遍的、纯粹的对任何语言、任何民族都适用的范畴，因为亚里士多德的思想范畴只是建立在对希腊语法的分析基础之上，也就是说建立在有时空局限的个别语言之上的，因而这些范畴也只对个别语言有根本意义。"本维尼斯特的分析，令人信服地证明，至少就范畴理论来说，试图超出语言，试图直接地、独立地对思想进行分析以建立一个世人万物的普遍的性状特点的分类，这只是一个幻想。"① 由此，我们可以说，亚里士多德的十大范畴分类，不是脱离语言而对自然的客观摹写，而是通过语言的分析，通过对古希腊语言的语言实际、语法实际进行分析而获得的。这在一定程度上说，至少就亚里士多德的范畴理论来说，古希腊语的特点影响了亚里士多德的思想范畴、古希腊语的语法体系，影响了亚里士多德的思想范畴系统。

自从本维尼斯特的研究发表以后，亚里士多德的思想范畴理论与古希腊语之间的关系是非常明确地确定了，由此，人们也不再认为亚里多士德十大范畴是具有普遍意义的关于人类思维或者关于客观世界的基本分类。然而，本维尼斯特的研究并不能完全否认亚里士多德的思想范畴的全部，因为，尽管亚里士多德的十大范畴与古希腊语法范畴相对应，并不能就此从而否定所有这些范畴的普遍意义，像关系范畴、时间范

---

① 褚孝泉《语言哲学——从语言到思想》，上海三联书店1991年版。

畴、地点范畴等应该说是人们思维范畴中具有普遍意义的范畴。不可否认，本维尼斯特的研究向我们昭示了这样一个道理：一定的语言对一定的思维样式确实具有极为重要的影响。

总之，我们从个体发展的角度认为，一个人从出生到囫囵吞枣般地接受母语，从而用母语进行思维，在他接受母语时，他必然地要接受整个母语中所映现出来的思维样式，从而掌握构成本民族语言特征的母语世界。随着个体思维的成熟，他必然要用既成的母语世界（系统）作为思维工具，这样，母语世界（系统）必然地要对他的思维产生影响。同时，他逐渐成熟的思维又对本民族的语言具有一定的影响。从民族文化的传承来看，人们世代相传的民族精神是靠语言来进行的，人们运用本民族的语言作为中介，把上一代人的宝贵思想、精神财富继承下来，这种继承必须依靠语言。相应的，这种继承必须受积淀在民族语言中思维样式的影响，也同样要受到作为表达思维的语言的影响。

所以，一定的民族语言自身的系统要对以之为物化形式的思维的影响，或者说，一定民族的思维活动要通过本民族语言显现出来，这也就必然地在显现时受到本民族语言的影响。从而使得一定的民族语言影响一定的民族的思维活动的推理。这种影响，在思维过程中显现出来，显现在推理的类型上，从而造成以推理为研究对象，总结推理类型的逻辑学也不同，导致了不同的逻辑之间争奇斗艳，各呈姿态。

第二章 中国语言与中国逻辑（上）

第一节 中国语言与中国推理类型

语言影响人们的思维，是指人们运用既成的语言系统去认识对象，这个既成的语言系统必然影响人们的思维样式，从而影响使用这种语言的民族对推理类型的选择，也就影响了以推理为研究对象的逻辑学，使得逻辑学除具有人类共通的一面，也还具有其独立发展的特殊性的一面。马克思在其巨著《资本论》中指出："观念的东西不外是移入人的头脑并在人的头脑中改造过的物质的东西而已。"① 相同的客观世界，由于思维的主体不同，可能会呈现不同的面貌，因为思维既具有外界事物的客观性，同时又具有人脑改造的主观性。此外，这种思维活动，还必须接受作为相对独立的中介系统的语言的制约。"当代心理学研究表明，人类最初的感知能力以及对经验材料的组织在一定程度上依赖于主

---

① ［德］马克思：《资本论》第 1 卷，人民出版社 1975 年版。

体所掌握的特定的语言。……如果主体所掌握的语言系统不同,那么主体抽象和概括认识客体的感性材料的方式也会不同,因而,主体以之建构的关于世界的现实图景也会不同。"① 人们思维活动中的推理因人、因语言而具有不同的样式,总结这些推理的形式、规律时又再次因人、因语言的不同而不同。所以,不同民族的语言对人们的推理活动、对总结人们的推理类型而产生的学问——逻辑学也就具有不同的影响。

词是语言结构中的语言要素,概念是思维活动中的思维要素,就二者之间的关系来看,词在人们的具体语言环境中,并不像一个客观事物那样传递着某种具体而又现成的东西,也并不是包含着一个已定形的、封闭的概念,而是要起刺激作用,促使听者(或看者)以确定的方式独立自主地构成概念。"人们能够相互理解,并不是因为他们完全依靠符号表达事物,也不是因为他们相互制约,准确、完整地产生出同样的概念,而是因为他们互相都在对方的身上触动了感性表象和内在概念活动的链锁上的同一个环节,击中了各自的精神乐器的同一个键钮。所以,各人形成的其实并不是同一个概念,而是相对应的概念。……在称谓一个最普通的事物如一匹马的时候,人们指的是同一种动物,但每个人都把独特的想象塞进了马的名称,这种想象可能更富有感性成分或更合于理性,更生动形象或者更接近于无生命的符号。"②

我们通常从概念出发,认为是通过概念区别了不同的事物,例如"人"的概念从最初的"两条腿会走路的动物"到"软耳垂的动物""长指甲的动物""能够主动引人发笑的动物""会思维会语言的动物",再到"能够制造工具、认识世界、改造世界的高级动物"。其实,

---

① 王晓升:《语言与认识》,中国人民大学出版社1994年版。
② [德] 威廉·冯·洪堡特:《论人类语言结构的差异及其对人类精神发展的影响》,姚小平译,商务印书馆1999年版。

人们在实际思维过程中，在具体的语言交际中，又似乎不是那么十分地理性。例如下面这几个句子中的"汽车"一词，似乎就不是那么十分地理性，或者说没有什么"本质属性"：

>他买了一辆汽车（整个汽车）。
>他修理汽车（汽车中已坏的零部件）。
>他冲洗汽车（汽车的表面）。
>他欣赏汽车（汽车的结构、形体、功能……）。
>他画汽车（汽车的外观形象、色彩）。

由于词所表达的意义是全社会的约定俗成，因而具有社会性，而概念的形成，往往是个人的心理活动，尽管是反映了本质属性，但这又是相对于一部分人而言的，很难使全社会、全民族的人都在概念的意义上使用词义，这不可能，也做不到。一个词即使是被当作单纯表示概念的物质符号在具体的场合下使用，它在不同人的头脑里也难以引起相同的表象。尽管一些不同语言的词可以表示相同的概念，但它们绝不会是真正的同义词，两种语言中的相对应的词很少有可能不带明显意义差别地表达同一个概念。即使是同一个民族语言中不同的语词表达同一个概念，它们之间的同义性也有很大差异，也还有方言差异、学科领域差异、心理差异，等等（如土豆、地蛋、马铃薯、山药蛋；又如先生、教师、臭老九、人类灵魂工程师、教书匠、西席等）。就语词表达概念而言，似乎可以从以下两个方面去理解：一方面，属于不同民族语言中的一些词，大体上表示了同样的概念。在这里，同一个概念可以从不同的角度去理解，我们似乎看到了人类观念活动的种种途径和可能存在的方式。另一方面，同一语言中的一些词，隶属于同一个范畴，人类的精神或思想表现出一定的统一性。但语词在渗透进主客观统一的概念时，始终保持其民族的个性特征。先秦道家的"道"的概念，用老子的话说就是"道可道，非常道"，中国人以直觉把握去理解老庄哲学的"道"，然而海德格尔则把这个"道"理解成"道路"的意思，于此可见概念在语词表现形式上的差异性。尽管逻辑学上对概念的表达追求的是一种普遍的、有规律可循的方式，但在不同的民族语言中采取了不同的途径、不同的样式。至于对概念的认识和理解，人们则以无限多样的形式在精神个性中表现出来。

从词在不同民族语言中的表现形式来看，在印欧语言中具有明显的形态特征，由字母组成单词，单词可以通过形态变化而具有不同的词性的语法标记，词根和词缀、词头界限分明，有些语言甚至不以词根作为词的主要成分，而是用少量有限的词根通过形态特征而变换词形表达概念。如根据已知的文字材料，我们知道梵语中通常只有为数不多的一些语根见于言语，他们的语法家对词的形式不是非常关注，而是力图穷尽每个语根的所有形式。"古印度语法家首先关心的是逐一列举出语根，他们的贡献无疑在于系统、完整地把语根排列了出来。"[①] 然而按照有些语言学家的理解，古代汉语是一种没有语根的语言，因为在汉语中语根与词惊人相似般地吻合，一个字就是一个词，一个词也是一个字，词并不划分为任何形式，也不会扩展，换一句话说，就是汉语中所有的词都是语根。由于汉语中词缺乏形态上的特征，也就无形式可言，更区分不出词性，或者说词性的区分并不在单个的字或词上，而在句子里得到具体运用才能区分出来。如"小"字在下面几句话中的词性的区分，必须依赖一定的语言环境：

---

① ［德］威廉·冯·洪堡特：《论人类语言结构的差异及其对人类精神发展的影响》，姚小平译，商务印书馆1999年版。

孔子登东山则小鲁，登泰山则小天下。

工师得大木，则王喜；匠人斫而小之，则王怒。

投以小石。

小国寡民。

同样一个"小"字，可以是动词，形容词；同样用为动词，既可以是使动，又可以是意动；同样是形容词，既可以理解成数量上的小（"小国"指人口少的诸侯国），又可以指面积小（"小国"也可以理解成国土面积小的诸侯国），还可以理解成形体上的小（"小石"即指石头的体积小）。所有这些都表明了汉语造词的一个特点，既模糊又无形态，没有表现出一种要求精密地体认对象、客观细致地反映对象的强烈的外倾冲动，从而使得这种语言不具有十分强的清晰性、严密性与科学性。瑞典汉学家高本汉在总结比较中西语言的特点时曾经指出过："中国文字好像一个美丽可爱的贵妇，西洋文字好像一个有用而不美的贱婢。"① 这正是针对印欧语言的精确表达思想而言的，同时，也指出了汉语所具有的特性。正是由于中西语言的差异，有的研究者认为汉语极适合于发展成为一种诗歌吟诵文学。

由于汉语是一种单音节词根语，兼具声、韵、调特征，组织词语的规律又异常地简易，使得汉语被造成一种音韵铿锵、和谐美丽的立体形象语言。德里达这样理解汉语的这种特点："它们（汉语、日语）在结构上主要是图像的，或代数的。因此我们可视为证明，说明有一种很有力的文化运动发展在逻格斯中心体系之外。它们的书写并不曾减弱语音

---

① 方锡德：《中国现代文学与文学传统》，北京大学出版社1992年版。

使化为自己，而是将它吸收在一个系统之中。"① 由于汉语语音上的声、韵、调极具立体感，就是汉字也极力发展一种具体而又形象的思维。这些便使得汉语具有具象性、整体性、可识性。林语堂说得好："中国人有如妇女，具体想象总是被用来取代抽象的名词。下面这句学术性很强的句子很难精确地译成汉语：There is difference but difference of degree between different degree of difference and no difference. （此句话的大意是：所谓区别，是指程度的不同，这种不同是介乎程度不同的区别与没有区别之间的区别。）中国的翻译家可能会用孟子的一句话来代替：'以五十步笑百步，则何如？'这样的替代品在定义与精确性上都不如原句，然而行文却更明白晓畅。如果说'How could I perceive his inner mental process（我怎么能感知他大脑内部的运动过程）？'不如说'How could I know what is going on his mind（我怎么知道他心里正在想什么）？'更明白，后者则远不如汉语表达得更清楚：'我是他肚里的蛔虫吗？'"②

汉语极力发展起来的对具体形象的嗜爱、对抽象名词的厌恶，无不引导中国古人的具象整体思维，使得中国古人看待问题，分析问题总是使用一种象意性的语言，如"洛阳亲友如相问，一片冰心在玉壶"（西方有人译为"An icy heart in vase of jade"，意为："一颗冰冷的心在玉石的瓶子里"，显然无法表达中国式的思维特征）。正如林语堂所讲："对抽象名词的厌恶也可见于中国人对事物进行分类时所用的名词，这些名词往往要求有明显的区别意义。这时中国人总是挑选一些最有表达意义的名词。于是，在中国文学批评中，不同的写作方法被称为'隔岸观火'（提出文章的要点），'蜻蜓点水'（轻描淡写），'画龙点睛'

---

① 郑敏：《语言观念必须革新——重新认识汉语的审美与诗意价值》，载《汉字文化》，1997年第4期。
② 林语堂：《中国人》，学林出版社1994年版。

（提出文章的要点），'欲擒故纵'（起伏跌宕），'神龙见首不见尾'（运笔自如，顺其自然，陡然而来，戛然而止），'悬崖千仞'（结尾时陡然勒住），'一针见血'（一句话道出真情），'单刀直入'（直截了当的开头），'声东击西'（突然袭击），'旁敲侧击'（善意的戏弄，嘲笑），'湖上雾霭'（调子柔和），'层云叠嶂'（细节等纷繁复杂，扑朔迷离），'马屁股上放鞭炮'（结尾前最后一击），诸如此类，不胜枚举。这些名词使我们联想到原始语言中的'汪、汪''呸、呸'等单调然而绘声绘色的象声词。"① 这种意象性名词丰富而抽象名词缺少的语言特点，对中国人的思维样式并进而对中国古代的推理类型的选择都产生了极为重要的影响，使得中国古人在思考问题的时候，不去追求精确、缜密，而是向往一种无可无不可、无不可无可的模糊世界。"他们的抽象名词，比如'仁''义''礼''忠'等等都是泛泛而谈，在具体讨论中，会发现它们的意义含混到了不知所云的地步。"② 这种模糊的、表达内涵和外延都非常不清晰的语言，很难使人想象它有利于抽象，有利于理性。所以有人认为"印欧语言因为具有一种外向的进取精神，因此它舍弃了在简洁、精致或者在美感方面的追求，宁愿背上烦琐与刻板的重负，尽力追求严密、精确与逻辑性，在漫长的进化中使这个追求发展到极致。而汉语尤其是古代汉语因为缺少积极的外向开拓精神，而主要具有一种'主体的自我中心性'，因此在长期的发展中，它没有把精力用于建构严密的概念体系，没有发展一套规范的结构形式用来约束话语。……在我们看来，当印欧语突出地发展一种精密的逻辑功能的时候，汉语主要是把精力放在一种能指的营造上，即在单音节词根语的基础上，非常注重对称与对偶，注重声调的抑扬起伏，因此如果说印欧语

---

① 林语堂：《中国人》，学林出版社1994年版。
② 林语堂：《中国人》，学林出版社1994年版。

是一种适宜于认识对象与描述对象的理性语言，那么汉语则主要是一种简练、含蓄、优美动听、韵味十足的艺术语言。"①

我们在这里不是要比较两种语言之间在表情达意上的高低，也不是为了说明语言间孰优孰劣，正如洪堡特所说的那样："一个研究者如果不带任何偏见，就几乎不会否认下述事实：就程度而言，一种语言的结构可能要比另一种语言的结构优越……"② 我们认为语言之间的不同特点，会对人类使用语言过程中所表达的思维有影响。就具象思维而言，汉语比印欧语言具有优越性，所以汉语适宜文学创作；就逻辑思维（抽象思维）而言，印欧语言具有一定程度的优越性，所以印欧语适宜于逻辑推理（主要指演绎推理）。

在遣词造句上，中西语言上有差异，这种差异，不可避免地要影响到中西思维样式上的整体特征，从而影响中西方民族对思维活动中推理的选择。

一般说来，中西语言在句法结构上具有明显的差异。就英语与汉语来说，英语的词、词组与句子的组合通常都受到一定语法规则的严格限制。名词分为可数名词与不可数名词，动词又可以分为及物动词与非及物动词，形容词又再分为表语性形容词与定语性形容词。在运用动词造句的过程中，有时态、语态的变化，特别强调对过去、现在、将来、进行等时态，非常讲究语态中主动与被动的区分。除此以外，英语中还拥有大量的介词、关系副词、连接代词，等等，充分体现了以形统意的特点。如果一个句子的主语不能说出，也一定要添加形式主语以确保句子

---

① 江南：《从语言与文化的同构看中西语言的差异》，载《徐州师范大学学报》，1997年第1期。
② [德]威廉·冯·洪堡特：《论人类语言结构的差异及其对人类精神发展的影响》，姚小平译，商务印书馆1999年版，译序。

的完整性、合理性。这种语言的使用者首先从语言中抽象出一定的语法规范，并将其形式化、标准化。除此而外，英语还是一种形态语言，非常重视话语的条理性、清晰性，要求句子必须有明确的逻辑中心。句子中的附加成分，不管有多么复杂，又总是与中心成分保持清楚的逻辑联系。在句子的组装方式上，总是以主语、谓语作为句子的骨干，然后运用多种关联词把附加材料逻辑地挂附在主语和谓语构成的主干上，使得句子前后照应，叠床架屋，构成一个庞大的"系统"，从而造成英语书面语的句子常常可以长至包容100至200个单词，甚至一个段落就由一句话组成，句子虽然递相叠加，纷繁芜杂，但中心明确，层次清楚。从语言学的角度来说，长句往往思考周详、细致，运用各种手段，通过各种修饰和限制，精确地表达一个意思。所以有人认为西方的语言与汉语相比是一种分析性的、抽象性的、线性的语言，这种语言体现了形合、聚集、繁复等特点，从而形成了西方人的抽象性、分析性的、逻辑性的思维样式。由于这种语言自身已经很"形式化"了，所以，很容易运用语言的零部件进行逻辑式的组合，从而增减出一种自觉的理性思维的习惯，从而在语言中时时处处表现了一种逻辑推理很强的特征。

就印欧语言来说，至少在古希腊时期已经表现出极强的科学分类特征。亚里士多德就通过是否与时间有关，把动词同名词区分开来，亚里士多德认为，名词与时间无关，而动词与时间有关（这至少说明在亚里士多德之前，这种区分已在古希腊语中客观存在）。这种语言中的语词总是要实现对对象本质特点的概括，同时又被放置到一个明晰的逻辑的语言世界中。具体一点说，印欧语言很早就发展成为拼音文字，其构成单词的字母发展到古希腊亚里士多德时期已经与意义相脱离而成纯粹的表音记号，使古希腊语言以音位为基础，通过富于变化的音节组合，创造大量具有自然代码特点的语调，使意义与声音直接结合在一起，并把这些音意结合的词置于一个形态严密的句子中,从而表达精确的意义。美国哈佛大学教授叶维廉指出:"字母系统下的思维趋于抽象观念的缕析,趋于直线追寻的细分,演绎逻辑的发展,按照海德格尔的说法,西方语言也特别适合形而上学的思维。"①

有研究者曾对中西语言所使用的文字做过这样的比较理解,认为汉语是表意体系的文字,在记载民族文化上,能够直接传达文化的感性和知性的内容。认为"在记载与传达事物方面两种文字(拼音文字和表意文字)可对比如下:

汉文字(视觉):形+形态+智→感性印象→对象
拼音文字(听觉):字母符号→抽象概念→对象

拼音文字的组成部分是全抽象的符号字母,它们只能唤起接受者对于对象的抽象概念的记忆,而后者联想到该事物的感性质地,所以通过拼音文字并不能直接达到对该物体的感性认识"②,而往往以抽象的形态影响人们的思维活动。所以由于受印欧语言的影响,西方极力发展了一种抽象思维、分析思维。这些思维样式,影响着印欧民族必定选择以逻辑分析为主的演绎推理类型,从而透过语言这物质外壳,对思维活动中的推理进行了科学总结,自然也就发生、发展了以演绎为主要、主导的推理模式,也同样影响了印欧民族对推理类型的选择,努力在演绎推理中发展着具有民族特色的思维。这又同受汉语影响而产生的中华民族

---

① 转引自江南:《从语言与文化的同构看中西语言的差异》,载《徐州师范大学学报》,1997年第1期。
② 郑敏:《语言观念必须革新——重新认识汉语的审美与诗意价值》,载《汉字文化》,1997年第4期。

具象思维、整体思维、意向思维成为鲜明的对比。同样，中国人由于受具象思维、整体思维、直觉思维的影响而努力发展了以近似类比思维为主导的推理模式，从而影响了中国人对类比推理类型的选择。所有这些都说明语言影响了民族的思维样式，影响了民族对推理类型的选择，从而影响了以推理为研究对象的逻辑学。

由于受语言因素的影响，东西民族之间的思维样式具有整体性、具象性、意向性与分析性、个体性之间的差异。一般说来，中国古代的整体性、具象性、意向性的思维样式以事物的"象"为中心，强调事物之间的整体联系，认识事物以直觉把握为主，不从事物之间的内在必然性上去分析问题，解决问题。对于西方民族而言，一个观点只要能在道理上讲得通了，就可以认可，因为道理是抽象的、分析性的、理想化了的，所以亚里士多德认为，人是论理（理性）的动物。这一点，东西方差异很大，传统中国人认为，一个观点在道理上讲通了还不够，还必须合乎人情，甚至合乎人情比合乎道理更重要。由于整体性思维、具象性思维、意向性思维不以道理（逻辑）为主导，讲究事物之间的某种联系（整体把握事物），不以探讨事物之间的必然性为条件，所以在推理的选择上便以近似类比和直觉为主，这是由这种思维样式所决定的。整体思维、具象思维、意向思维不会也不愿意实现对事物的逻辑分析，正如有研究者认为："中华文化中为什么没有衍生出形式逻辑？非不能也，乃不为也"[①]。但并不是完全没有。林语堂在他的《中国人》一书里举了这样一个例子："有一位很博学的中国学者俞正燮（1775—1840），他的《癸巳类稿》卷帙浩繁，传诵遐迩。他曾经读到一本由Jesuits Jacobus Rho, James Terrence 和 Nicolaus Longobardi 翻译的《人体

---

① 陈慕泽：《中华传统文化缘何未成为全球化大厦担纲之梁》，载《湖南科技大学学报》，2005年5期。

解剖学》，发现书上说心脏位于左侧，而肝脏则位于右侧，从而下结论说西方人与中国人有不同的内脏器官。他进而下结论说既然他们的内部器官不同，那么他们的宗教也肯定不同——这个演绎推理是直觉推理的绝妙的例子——所以，只有那些内部器官不完善的中国人才能成为基督徒。"① 这个推理（应为类比）就是具象思维、意向思维和整体思维对推理类型选择的最好说明。

由于整体把握，由于强调意合，所以中国式思维过程中的很多推理在西方民族看来，简直有点匪夷所思，像中医中的头痛医脚，像《周易》中的阴阳象征人世间的一切万事万物，以及金、木、水、火、土五行理论的阐释，无不是这种思维样式的选择结果。

沈有鼎指出："人类思维的逻辑规律和逻辑形式是没有民族性也没有阶级性的。但作为思维的直接现实的有声语言则虽没有阶级性，却是有民族性的。中国语言的特性就制约着人类共同具有的思维规律和形式在中国语言中所取得的表现方式的特质，这又不可避免地影响到逻辑学在中国的发展，使其在表达方面具有一定的民族形式。"② 语言影响制约着人们的思维样式，从而使得不同民族之间所产生的思维样式不同；思维样式的不同，又必然制约影响着不同民族之间对逻辑推理模式的不同态度，从而影响制约着不同民族之间对不同推理类型的选择，并进而影响以推理为研究对象的逻辑学。

---

① 林语堂：《中国人》，学林出版社 1994 年版。
② 沈有鼎：《墨经的逻辑学》，中国社会科学出版社 1980 年版。

第二节　汉语整体特征与中国逻辑
理论与思想

中国古代没有产生亚里士多德式的逻辑学，这一点，已被很多学者首肯，同时，很多学者也认为中国古代的确发展了自己的逻辑理论和思想，这种逻辑理论和思想的产生同中国古代政治、经济、文化、伦理、制度、哲学等方面有密切的关系。我们认为中国古代逻辑理论和思想的发生、发展除了同上述因素有关外，还必须特别强调语言在中国古代逻辑理论和思想发生、发展中的影响和积极作用。

正如张东荪先生所指出的那样："我主张中国思想上很少与逻辑甲（指传统逻辑）相当的。其故是由于逻辑甲（指传统形式逻辑，即指 traditional logic，也指 formal logic）是藏在言语中的。于此所谓言语不是指普泛而言，乃只是欧洲言语系统。其他民族在言语构造就未必能完全相合。中国言语系统与欧洲言语系统相差比较远。所以中国言语中没有需要以产生像逻辑甲那种样子的东西。欧洲言语系统中与逻辑相关的地方莫若主语与谓语的分别以及缀辞的普遍性，等等。这些都与语尾变化与词性分别有关。中国言语既没有语尾变化，更不注意词性分别。每一个字都是单音与象形。因此文法与句法的固定性不十分显明。所有的文法与句法大部分是出于'习惯的使用'（idiomatic use）。所以我们可以说文法与逻辑并不是完全两件事。形式逻辑家想把逻辑与文法完全分开，其实就文化的观点来看，依然是互相依靠的。中国没有逻辑甲不是因为中国人思想未发达，亦不是因为在中国逻辑未成一种学问，以致为大家所忽视，乃据我看来，只是因为中国言语的构造不发生这样的需要。""现在我研究了以后，乃发现逻辑是由文化的需要而逼迫出来的，跟着哲学思想走。这就是说逻辑不是普遍的与根本的，并且没有'唯一的逻辑'（logic as such），而只有各种不同的逻辑。"① 这即指出了语言与逻辑之间的关系。本书认为，从中国语言入手，透过中国语言的特点去看中国古代先哲的逻辑推理，可以准确地把握中国古代的逻辑理论和思想的特点和实质。

对中西文化的比较，刨根究底则必须在语言上进行比较，因为语言是一个民族文化中最为本质、最为现实的物质形态，比较中西逻辑思想的同异，也必须以语言为中介，因为语言乃是中西逻辑思想的"家"，用张东荪的话说就是："逻辑虽是言语中所表现的普遍理法，然而这个理法却必须宿于语言中。不但离了言语便无处觅此理法，并且此理法在实际上是跟着言语的构造而生。……可见逻辑上有许多问题只是因言语构造而生的。""因为言语有了文法（按 grammar 应为'字法'，现从通行所译）与句法以后，乃始能有名学（即逻辑），在此我们便得一述名学的性质。西方的名学家总以为名学的对象是人类理性的规则。这个见解不甚得当。即以亚里士多德的名学而论，我们可以显然看见大概是根据希腊的文法。换言之，即为希腊文法所左右。后来拉丁与法英德等文法又大概是在相类的系统下，所以亚氏的名学随变为西方人的普遍适用的推理规则了。然而用于中国人的心思上却必见其不相合处。足见亚氏名学乃是根据西方言语系统的构造而出来的。所以，我们对于名学不可跟着西方的名学家，以为这是人类理性的规则。而应得主张名学虽是研究人理性的法则，但这个理性却是在言语中表现出来的。离了言语便无这种理性的规则。"②

---

① 张汝伦编选：《理性与良知——张东荪文选》，上海远东出版社 1995 年版。
② 张汝伦编选：《理性与良知——张东荪文选》，上海远东出版社 1995 年版。

就文化差异在句法上的体现而论,最典型的情形莫过于中国语言与西方印欧语言之比照。中国语言是一种意合语言,不像印欧语言,没有繁复的变位、变格、形态变化,因此汉语的结合不受形态成分的约束,而主要取决于语义上的搭配是否合乎事理,正如黎锦熙先生在《新著国语文法》中所言:"国语底用词组句,偏重心理,略于形式。"汉语的这种文化特征和中国人在哲学上重了悟不重形式论证,在艺术上主张"神似"的悠久文化传统是分不开的。中国画崇尚写意,寥寥数笔便可勾勒出一幅"陆羽高风"图,但画面上只有一个茶壶和一个茶杯。如果画一个酒壶,一个酒杯,便可题"陶潜逸兴"。这就像汉语的句子组织,没有人,人们却可以意会到宾语。壶口并不一定向着杯,甚至壶柄向着杯也不要紧,这又很像句子语序灵活、词语组合方便的意合特征。① 相比之下,印欧语言是形义融合,意在则形达,句子结构则比较严谨。②

由于汉语缺乏印欧语言的那种人称、格、数、形态、时态、阴性、阳性的变化,而被称作宽式语言,西方的印欧语言相形之下就被称作严式语言。胡适在其所著《中国哲学史大纲》里认为墨家名学有"学理的基本,却没有法式的累赘",黎锦熙先生在其所著《新著国语文法》里认为汉语"偏重心理,略于形式"。胡适与黎锦熙一个是研究中国古代逻辑思想史的,一个是研究汉语语法的,虽然研究、论述的对象不同,但所说的特征却是如此巧合般地相似。由此,我们认为墨家名学轻形式重论理的实际乃是由于受汉语自身轻形式、重心理的特征的影响。汉语与印欧诸语言不同,印欧语"注重的是自然时空,而且尤其偏重

---

① 参见启功:《古代诗歌、骈文的语法问题》,载《北京师范大学学报》,1980年第1期。
② 顾嘉祖、陆昇主编:《语言与文化》,上海外语教育出版社1990年版。

空间的自然真实性"①。而汉语则"注重的是心理空间,而且尤其偏重于时间的事理性,即使是空间,也常常表现为流动空间"。"这两种时空观的对立,……反映在句法层次上,则表现为印欧语言的空间型构造和汉语'流水句'式的时间型样态。具体地说,印欧语言是以限定动词为核心(焦点)控制(透视)句内各种成分之间的关系,因此句子的复杂化只能通过扩充句内各成分的丰满度,前呼后拥,递相叠加来实现。而汉语则按逻辑事理的顺序,横向铺排意合、流动、气韵三位一体,因而在结构上往往'极层累曲折之致,呈风起云涌之貌'。"②

与印欧语等形态丰富的语言相比较而言,汉语注重自身的意会性,从词、词组到短语到句子的构成不注意形式上的标志(也很少形式上的标志),而依靠句子构成成分之间的内在意义上的联系,真正具有庄子所言"得鱼忘筌,得意忘言"的特征,只要意义明白了,语言形式并不重要,在这一点上它和汉字的表意性相得益彰。构词上,没有丰富的派生词(词根+词缀),也没有大量的词缀(词头、词尾等),汉语的合成词则以复合词(词根+词根)为主,没有明确的词类标志。汉语的句法关系主要依靠词序和语义关系来表达,各种句子句法结构因为缺乏形式标志而造成界限模糊不清,同音、同义、歧义结构很多,句子的理解必须依靠意会的手段。汉语的意合性说到底就是以意逆语法形式,同时限制语法形式相对独立发展的结果。汉语结构关系的确立,句子意义的理解,要通过上下文和言语背景(语境)去分析,去理解,去揣摩,正所谓"读书百遍,其义自见"③。一句"四体不勤,五谷不分,何谓夫子",既能理解成"他(孔子)四体不勤,五谷不分,怎么

---

① 顾嘉祖、陆昇主编:《语言与文化》,上海外语教育出版社1990年版。
② 顾嘉祖、陆昇主编:《语言与文化》,上海外语教育出版社1990年版。
③ 邢福义主编:《文化语言学》,湖北教育出版社1990年版。

可以称作夫子"，又可以理解成"我（指耕者）唯四体是勤，五谷是分，哪里（有空闲）去管什么夫子不夫子的"。关于这一点，章士钊在其所著《逻辑指要》中就指出这一点："（在古汉语中）字有假借相反者，如臭本腐气，反借香也；扰本繁杂，反借驯也；乱本繁紊，反借治也。""中国语言，往往包括相反两面，如言'要害'。颜师古云：在我为要，在敌为害，是隐括敌我两面也。推之，言利害，意害而不意非害；言缓急，意急而不意非急；言早晚，意早而不意晚。凡出语两意兼收，令相克而相成，诸如此类，不胜枚举。"①

汉语这种自由舒展、意在言外的意会性，培养了中国人意会的思维样式。汉语作为中国式思维工具，自身的非形式化，必然导致中国人思维活动中推理过程的非形式化发展。所以，"由于汉语中没有像印欧语系中的系词系统，因此在中国思想传统中并不存在西方意义上的哲学"②，自然也就不应该在汉语中存在西方意义上的 logic，或者说，如果不是西方逻辑理论东渐华夏，凭汉语自身很难盘旋出西方意义上的 logic。

汉语声、韵、调三位一体，形、音、义密切联系，这种极具立体感的语言，把人们思想延伸向三维的立体空间，更具有形象性、整体性。汉语还是一种简练、含蓄、非常优美、韵味十足的艺术语言，它非常适合于表达人们的感觉、体验与情感，长于暗示、隐喻，旁敲侧击又留有余地。书写汉语的汉字是语素音节文字，以象形写意为主，更增加了汉语的形象特征。语言以形象为主导，必然会潜移默化地影响到语言使用者的思维样式，从而影响到该民族的逻辑推理类型的选择。"语言就是思维。从原始思维的发生而言，语言是最原始的思维方式。当选择了某

---

① 温公颐主编：《中国逻辑史教程》，上海人民出版社 1988 年版。
② 谭立铸：《从基督教的汉化说开去》，载《读书》，1997 年第 6 期。

种语言的时候，就意味着选择了某种思维方式。整个原始人类的生活经验决定了表达工具语言的产生，语言则规定了思维方式。"①

作为宽式语言，汉语至少从以下几个方面影响了中国先哲的思维样式，从而影响了他们对逻辑推理的选择：

第一，由于汉语的意合性特点，使得语言反映中的知、情、意始终处于一种未分化状态，其中情感因素起着非常重要的作用，就使得传统思维带有强烈的情感色彩，由此影响了中国古代人的思维样式。"古代中国人的思维方式应当说是意向性而不是认知性的，它在思维过程中突出的是主体因素而不是对象因素，重视主观评价而轻视客观反映。……常常偏重于从主体的需要而不是从客体本身去反映客体，具有一种寓认识于价值评判之中的特点。"②

第二，由于汉语声、韵、调的三维特征，更加由于其书写语言——汉字的象意性特点，它把握世界、把握自然就不是重在抽象（像印欧语的所谓线性语言那样，我们这里并不否定语言本身具有的抽象性、概括性，正如列宁所强调指出的那样，"任何词[语言]都已经是在概括"，"在语言中只有一般的东西"。③）而重在"观物取象"。"从中国人尊'道'的立场来看，那些所谓个别的、非本质的、偶然的东西，是人所未能善加认识的，它们也是'道'的一部分，是不能加以割舍的；为此，古人重视整体直观的'象'，并把它作为类比推理的基础。"④ "早期中国人因为不善于通过抽象思维来把握事物，而喜欢以事物的外部特点为根据展开想象，思维的路线不是由具体而抽象，而是由

---

① 张岱年、成中英：《中国思维偏向》，中国社会科学出版社1991年版。
② 江南：《从语言与文化的同构看中西语言的差异》，载《徐州师范大学学报》，1997年第1期。
③ 韩民青：《文化论》，广西人民出版社1989年版。
④ 张岱年、成中英：《中国思维偏向》，中国社会科学出版社1991年版。

具象而具象。"① 在英语中的一个"wear",可以取代现代汉语中的"搽粉""涂口红""点胭脂""戴眼镜""戴耳环""穿衣服"等具体的动作的"搽""涂""点""戴""穿"等。在汉语中,从"两手相向"之"夹",可知"峡""荚""挟"所指虽为不同的事物,毫无内在联系,但因其外观皆有"两手相向"貌而归为一类。"夹"既是声,也是形,同时又是义,形、音、义三位一体在这里体现得毕露无遗。汉字的"读半边,认半边"正是这种具象思维的结果。

第三,汉语是一种经验性的语言,"其意义随经验而增加,具有累积性。如'金、木、水、火、土'最初表现的是金、木、水、火、土这些现象。在五行理论中,五行不仅指五种材料、五种元素,而且代表了五种不同的状态、过程和性质,于是发展到五音、五色、五味、五德等。五行由于经验的运用而充满了丰富的意义,变成了一套世界哲学、宇宙论。因之,中国哲学的语言是不断发展和累积的"②。由汉语的经验性特质,我们就可以理解《周易》中的"阴""阳"所象征的天、地,男、女,刚、柔,动、静,水、火,雷、山,风、泽以及天地万物人事自然的魅力所在了。由这种经验性的语言自然就会发展出一种不求抽象、概括的思维样式,正是由于这样的原因,梁漱溟指出:"若与西方比看,固是论理的缺乏,而实在不只是论理的缺乏,竟是'非论理的精神'太发达了。"③

《韩诗外传》与《史记》都分别记载了楚渠子和李广在无意识状态下把箭射入石中的现象,《晋书》也记载了谢灵运梦中作诗这一情况,

---

① 江南:《从语言与文化的同构看中西语言的差异》,载《徐州师范大学学报》,1997年第1期。
② 张岱年、成中英:《中国思维偏向》,中国社会科学出版社1991年版。
③ 中国文化书院学术委员会编:《梁漱溟全集》第1卷,山东人民出版社1989年版。

但是中国古人没有谁能够进一步探讨无意识问题；宋代中国就能生产"丁白磁"——一种运用了光学原理和视差原理的高级工艺品。但是中国人未能用光学原理和视差原理去说明它。中国人凭借直观经验和手工艺术能生产制造"丁白磁"，却不知它的深层奥秘，也没有人想从理论上探讨它。"大量的事实说明了，在科技领域中，有许多发明或发现是由中国人先做出来的，但中国人没有提升到理论高度，提升到理论高度的往往由西方人承当：西方人提高之后，再传入中国。"① 这一方面是中国古代理论科学不发达，另一方面究其根本原因，乃是由于汉语这种重视经验，轻视抽象给国人的思维样式上带来的不足。

第四，汉语缺少或者没有句子的透视（焦点），在组合上很难实现叠床架屋，递相叠加，往往化整为零，用大量的散句、流水句甚或是无主句、名词句来表达一定的思想。语言学家吕叔湘指出："汉语口语里特多流水句，一个小句接一个小句，很多地方可断可连。"② 这种造句方法和中国传统的书法、绘画艺术一脉相通：形断神连，形散神聚，形无神有，形静神动。这种对神似的追求，体现在思维样式上便是"得鱼忘筌，得意忘言"。这样的语言很难产生张荫麟先生所讲的这样的笑话："说是柏拉图有一次派人到街上买面包，那个人空手回来，说没有'面包'，只有方面包、圆面包、长面包，没有光是'面包'的面包。柏拉图说，就买一个长面包吧。那个人还是空着手回来，说没有长面包，只有黄的长面包，白的长面包，没有光是'长面包'的长面包。柏拉图说，你就买一个'白的长面包吧'。那个人还是空着手回来，说没有'白的长面包'，只有冷的长白面包，热的长白面包，没有光是'白的长面包'的白的长面包。这样，那个人跑来跑去，总是买不来面

---

① 张岱年、成中英：《中国思维偏向》，中国社会科学出版社1991年版。
② 申小龙：《中国句型文化》，东北师范大学出版社1988年版。

包,柏拉图终于饥饿而死。"①

同样,以格、时态、形态、语态、人称、数作为语法范畴的西方语言(也称之为严式语言,成中英先生称之为声音语言)也影响了西方民族的思维样式:

"第一,声音语言显示了主客关系的断裂,并且保持着一种远距离的作用。主客体对立使得主体感到悬虚在外,必须自己掌握自己的命运,这就产生了理性……

第二,理性是主客体分离的结果……

第三,因为声音不能形象化,因此必须形成抽象概念。

第四,不同于中国语言的积聚性,西方语言是意义的重新界定;不是用一种语言重复说明外在世界,而是不断发明新的名词以不断重新界定外在世界……"②

所以,一定民族的语言也一定会对该民族的思维过程具有非常重要的影响。"思维与语言是表现原始生活经验的两种方式。中国语言决定了中国思维,而中国思维又反过来决定中国语言:掌握了中国语言就意味着掌握了中国思维,反之亦然。"③ 因此,中国的语言——汉语也一定"决定"了中国人的思维样式,而这种民族的思维样式又必然影响到中国文化对逻辑推理的选择,从而使中国的逻辑理论和思想具有自身的特点。

---

① 冯友兰:《冯友兰学术论著自选集》,北京师范学院出版社1992年版。
② 张岱年、成中英:《中国思维偏向》,中国社会科学出版社1991年版。
③ 张岱年、成中英:《中国思维偏向》,中国社会科学出版社1991年版。

第三节 汉语词法特征与中国逻辑理论和思想

汉语虽然具有其影响中国人思维之具象性、整体性、意会性特性,但汉语作为一种语言已经非常之抽象和概括了。汉语"字有定义,言有定义,此思辨之始基也"①。汉语是产生中国人逻辑推理的根本。

从词的语法特征看,古代汉语中普遍存在着一词多用的词的兼类现象,这种语言现象,对先哲们的思维具有极为重要的影响。所谓词的兼类现象,是指同一个词在不同的语言环境里,甚至是在同一个语言环境里可以表达不同的意义,而具有不同的词性特征。对这种现象,有的语言学家称之为词的多功能性。这即是说,同一个词既可以看成是这个词类,又可以看成是另外一个词类,例如:

君君、臣臣。父父、子子。
春风风人,夏雨雨人。
郑伯克段于鄢。
克俭其家。
春风又绿江南岸。
君子死知己。

汉语中这种兼类现象是那么普遍,以致有的语言学家不承认什么兼

---

① [英] 耶方斯:《名学浅说》,严复译,商务印书馆1981年版。

类，而认为是汉语中的基本形态，1982 年张志公先生曾作过一次抽样调查统计，结论同王力先生早年统计研究的结果很相似，即汉语中实词不存在兼类现象，一词多用是词类现象的常态。①

由于汉语中一词多用的现象是那样的突出，几乎所有的语法学家都不可避免地要论及一词多用的问题。中国第一部系统的语法学著作《马氏文通》把汉语中的词分为九类，但同时又认为："字无定义，故无定类，而欲知其类，当先知其上下文意如何。"② 刘复先生在《中国文法讲论》中也指出："词类之所由分，系于词性，即词的本身的性格"，"而这词本身的性格，仍旧是相对的，而不是绝对的，换句话说，就是要辨明一个词的性格，非但要看这词的本身，还要看他前后所接的词，方能断定。"黎锦熙先生在他所著的《新著国语文法》里也持同样的观点："凡词，依句辨品，离句无品"，"国语的九种词类，随它们在句中的位置或职务而变更，没有严格的分业"。③

20 世纪 50 年代，中国的语言学界展开了汉语词类的大讨论，1953 年 10 月至 1955 年 1 月高名凯先生在《中国语文》上连续发表了《关于汉语的词类分别》《再论汉语的词类分别》《三论汉语的词类分别》，主张："汉语的实词不能再行分类"，因为"汉语的实词并没有一个固定的功能，它可以在不同场合具有不同的词类功能，正因为它可以具备不同的词类功能，我们才不能说它是某一固定的词类"。④ 时至今日，虽然我们说现代汉语中词可以从形态、句法功能、搭配框架、意义四个标准中区分出词类来，但实际上是先在心中设定名词、动词、形容词的大

---

① 张志公编：《现代汉语》，人民教育出版社 1982 年版。
② 马建忠：《马氏文通》，商务印书馆 1983 年版。
③ 黎锦熙：《新著国语文法》，商务印书馆 1956 年版。
④ 高名凯：《汉语语法论》，科学出版社 1957 年版。

致分类，然后再找出不下于七八种搭配上的特征，合取析取，算作名词、动词、形容词在形式上的结合标准，仍然未能摆脱西洋文法的窠臼。

汉语中的这种一词多类现象，给使用这种语言的中国人的思维特征打上了深深的烙印。正如我们前引的洪堡特的话："在汉语的句子里，每个词排在那儿，要你斟酌，要你从各种不同的关系去考察，然后才能往下读，由于思想的联系是由这些关系产生的，因此，这一纯粹的默想就代替了一部语法。"① 汉语的这种一词多类的语法特征培养了中国人的意会思维样式。对词对句子的理解，不在于严格的形态，而完全依赖上下言语语境，反复揣摩，慢慢领悟，正如有的研究者认为的那样，印欧语言是一种法制语言，而汉语则是一种人治语言。② 汉语的这种重意会、轻言传的特点早就为人们所注意。钱基博曾指出："中国文章……所重不在形式，而在精神。字之精神，寄于句。句之精神，寄于篇章。"③ 黎锦熙先生也指出："国语的用词组句偏重心理，略于形式。"④ 王力先生发现，汉语复合句的分句之间，有时候"有一两个虚词表示它们的连带关系"，有时候，它们之间的联系却是以意合的，叫作"意合法"。吕叔湘先生在《语文常谈》中也提到汉语"尤其在表示动作和事物的关系上，几乎全赖'意会'，不靠言传"⑤。读书百遍，其义自见；熟读唐诗三百首，不会写诗也会诌，就是对这种意会语法的最好注脚。

---

① 转引自江南：《从语言与文化的同构看中西语言的差异》，载《徐州师范大学学报》，1997年第1期。
② 申小龙：《汉语人文精神论》，辽宁教育出版社1990年版。
③ 钱基博：《国文法研究》，见《戊午暑期国文讲义汇刊》，广西师范大学出版社2010年版。
④ 黎锦熙：《新著国语文法》，商务印书馆1956年版。
⑤ 吕叔湘：《语文常谈》，生活·读书·新知三联书店1980年版。

汉语言中词所具有的这种现象，必然要反映到人们的思维过程中去，从而使人们的思维过程、推理活动无不具有意会的特征，使得"他们对事物之间的联系的把握常常是直观的、整体的、非逻辑性和富有神秘色彩。人们习惯于以自然或人事中已见已知之单项现象来比附自身行动时不定不知的现象。例如《周易·乾》九二爻辞：'见龙在田，利见大人。''见龙在田'和'利见大人'之间的关系是比附得来的，而不是通过严密的逻辑推理得到的因果关系。强调'心'的作用，主张通过内心的顿悟来把握事物之间的内在联系是中国传统意会思维方式的基本原则"①。

宋代著名的理学家朱熹认为，人心具有一种领悟事物本质的认识能力，这种能力一旦通过以往的经验阅历激发出来而获得真知，便是豁然贯通的顿悟。② 由于意会，人们能在一定的语言环境中，通过上下文之间的关系很快地准确地选词来表达自己的思想，汉语的这种意会特征培养了中国人的意会思维，也只有用意会思维才能解读汉语，二者相辅相成，互为因果。

汉语中的一词多用现象，除了名词、动词、形容词三者没有界限外，如"子小寡人之国，以为不足仕""小国寡民""以子之小拒我之大"等，汉语一词多类的现象中还有一种以名词活用为副词的，这就使得副词也带有了名词"形象性"特征：

人立而啼。（《左传·庄公八年》，黎锦熙《高等国文法》："人立者，如人立。"）

---

① 陈立中：《论汉语实词的多功能性与中国传统思维方式意会特点之关系》，载《湘潭大学学报》，1995年第4期。
② 见《大学章句·补格物传》

嫂<u>蛇</u>行匍匐。(《战国策·秦策》,《高等国文法》:"按谓如蛇之行。")

天下之士,<u>云</u>合<u>雾</u>集。(《史记·淮阴侯列传》)

在句中加点的名词都应理解成"像……一样",这种把表示副词的词用名词以形象化手段取代之,很容易给人一幅生动的图画形象。《中山狼传》中"有狼当道,人立而啼","其一犬坐于前",都让人想到狼的各种形象,而且具有类比性质,把狼比作人、狗,也体现人们思维过程中的一种跳跃,从甲事物类比联想到乙事物。所以,在运用古代汉语进行思维的时候,我们的思想明显地要受汉语的这种"意向性""具象性""类比性"的影响,从而在推理过程中不知不觉地趋于类比,而少于抽象的演绎。

一词多类的语言现象,深入到思维的内核,就是同一个语词表达不同的概念,使得同一个语词所表达的不同概念之间界限有时不清楚,从而出现思维的模糊性。汉语是一种经验性语言,一个语词形式往往可以表述各种事物,指称各种对象,从而表达很多概念。语词的这种兼职现象,一方面增加了表述的歧义性,另一方面更增加了人们对语词所表达的对象的理解的意会性。意会的结果,便是各人从各人不同的知识背景对语言中的语词进行诠释,这就往往使得一个语词所表达的概念既无确切的内涵,也无明确的外延。《周易》中的"阴""阳",就是最典型的无所不包、无所不解的概念。"比如'仁''义''礼''忠'等等都是泛泛而谈。在具体讨论中,会发现它们的意义含混到了不知所云的地步。"① 传统的五行、阴阳、理、心、气、有、无等哲学名词,"似乎把

---

① 林语堂:《中国人》,学林出版社1994年版。

握了宇宙，人世之真谛，然而这些捉摸不清、漂泊不定的思想，究竟提供了多少明确的真理性认识呢"①？正如严复先生以"气"为例所进行的责问："今试问先生所云气者究竟是何物？可举似乎？吾知彼必茫然不知所对也。然则凡先生所一无所知者，皆谓之气而已，指物说理如是，与梦呓又何以异乎？""出言用字如此，欲使治精深严确之科学哲学，庸有当乎？"② 于是有人就认为汉语中词的这种特性不适合用来形成概念，或者退一步说，即使是形成了概念，也一定是"概念不明，内涵的成分无限多，外延有弹性，就难以进行思维和得出结论"，或者"其概念具有混沌性、模糊性、意会性，这些具有同构系统的学问跟科学相距尚远"。③

任何一种民族语言在为一定民族思维时都有其自身的长处，也有其自身的短处，因为语言也应该是或者说毕竟是社会的、历史的产物。洪堡特指出："一个研究者如果不带任何偏见，就几乎不会否认下述事实：就程度而言，一种语言的结构可能要比另一种语言的结构优越，例如，梵语的结构优于汉语的结构，希腊语的结构优于阿拉伯语的结构。"④ 但是"语言的个别长处会使精神生活的某些个别方面优先得到发展，所以，各民族的精神禀赋远非只是程度问题，而是构造有所不同。这类看法当然也是对的。但是语言真正的优点毕竟要到它们全面地、协调一致地产生作用的力量之中去寻找。……只有当一种语言在所有的方面能够促进和激励精神活动，使精神活动的种种具体类型和谐一

---

① 赵平之：《试论中国传统思维方式的基本特征》，载《上海社会科学院学术季刊》，1992年第1期。
② [英]耶方斯：《名学浅说》，严复译，商务印书馆1981年版。
③ 朱晓农：《秦人逻辑论纲》，见申小龙、张汝伦主编：《文化的语言视界》，上海三联书店1991年版。
④ [德]威廉·冯·洪堡特：《论人类语言结构的差异及其对人类精神发展的影响》，姚小平译，商务印书馆1999年版。

致地发展起来的时候,才真正称得上是完美的语言。拿汉语来说,我们得承认它的形式或许比任一其他语言的形式都更好地突出了纯思维的力量……才使得心灵能够更全面、更有力地把握纯粹的思想。"① 不同的语言对不同民族的精神的影响是不一致的,这是由语言自身所决定的,也是由一个民族的思维所决定的。民族语言与民族精神(思维)只有如胶似漆、水乳交融般地默契,才能相得益彰,共同发展,否则不是民族语言抛弃了民族思维,就是一定的民族思维抛弃了一定的民族语言。所以,我们认为正如同印欧语言影响了西洋民族的演绎思维一样,汉语影响了华夏民族的推类思维,并使这种影响在一定程度上凸现了出来。

第四节 汉语句法特征与中国逻辑理论和思想

汉语在句法特征上与印欧语言句法特征上存在很多的差异。汉语在组词造句时,不受形态、格、数、性、时、人称等框框的限制,免除了"戴着镣铐跳舞"的窘境,因而显得更自由更欢快,更容易联想类比。有的研究者认为英语与汉语在语言上有如下不同的地方:英语是形合,组词成组、组词成句必须受严格语法限制,具有明显的以形统意的特点,而汉语尤其是古代汉语则强调意合,组词成组、组词成句不受形态限制,其组合主要依靠构成成分之间的意义关系。词与词素之间没有明确的界限,基本上一个音节就是一个词;词性比较灵活,在没有充当句

---

① [德] 威廉·冯·洪堡特:《论人类语言结构的差异及其对人类精神发展的影响》,姚小平译,商务印书馆1999年版。

子成分之前，一个词的词性很难确定，或者是名词，或者是动词，或者是形容词，或者是副词，都具有可能性，因为它没有形态。句子的组合也非常自由，没有格、人称、时态、性、数的限制和变化，句子成分可以颠倒，甚至省略，但颠倒后的句子的意思就发生了变化，具有明显的以意统形的特点；英语的句子往往注意条理性、清晰性，一个句子总有一个明确的中心，体现了语句成分聚集的特征。而汉语则不然，则不受诸多条件限制，完全以意统形，体现了"可断可连"的流散特征；西洋句法叠床架屋、重重叠叠，化零为整，而古代汉语则句子简单、短促，化整为零。所有这些语言上的不同特征，对民族的思维及逻辑推理具有重要的影响。

1. 语序

汉语的一个重要特点就是有严格的语序，语序不同，形成的思想即概念、判断和推理也不同。那么，什么是语序呢？"语序有广狭二义。狭义语序一般指语素、词的排列次序；广义语序通常指各个层面、各种长度的语言单位和成分的排列次序。狭义语序是包括在广义语序之内的。……广义语序包括语言单位排列顺序，简称'单位序'，如语素序、词序、词组序、句子序、句群等，也包括结构成分出现顺序，简称'成分序'，如构词成分（词干、缀）序、句子成分（主语、谓语）序、句法成分（述语、宾语、补语、中心语、状语、定语）序、分句序、句群序等。"[①] 本文是在广义的概念下使用"语序"这一概念的，有时也用"词序"来指这一概念。

汉语作为宽式语言，虽然组合自由，但不同的组合，会形成不同的概念、判断或推理：

---

① 吴为章：《语序重要》，载《中国语文》，1995年第6期。

屡战屡败——屡败屡战

其情可悯，其罪当诛——其罪当诛，其情可悯

如果改变不同的语序，人们思维的深处必须予以改变，以形成不同的思维过程：

既使吾与若辩矣，若胜我，我不若胜，若果是也，我果非也邪？我胜若，若不吾胜，我果是也，尔果非也邪？

从"若胜我"到"我胜若"，词没有任何变化，但表达的意思已经有天壤之别了，这充分表明了语序在古代汉语中所具有的重要意义。而在希腊文中"对于'S 是 P'这样的命题，S 和 P 的主谓关系是不清楚的，因为主谓的位置是不固定的，S 和 P 从语形上看，都是主格，从语言习惯上说，P 可以是谓词，也可以是主词，同样，S 可以是主词，也可以是谓词。但是在'P 属于 S'这样的命题中，S 和 P 的主谓关系是清楚的，因为它们由格得到区别，P 是主格，S 是第三格。"① 这即说明，在古希腊文中，主项与谓项在"S—P"的句式中是可以相互交换的。这一点不论在现代汉语中还是在古代汉语中都几乎不可能。汉语因为是单音节组成句子，语序的交换就带来了思想的交换。而且汉语严格遵守语序与行动、行为过程的先后一致。正如戴浩一在《时间顺序和汉语的语序》一文中所指出的那样："汉语语法的基本手法仿佛是按照某些具体的概念原则把句法单位编织在一起"，"这种语言把动词作为

---

① 王路：《亚里士多德的逻辑学说》，中国社会科学出版社 1991 年版。

中心参照点,按照时间顺序来排列跟动作有语义联系的成分","它的语序跟思维之流完全自然地合拍"。① 例如该文举出了这样的例子:

汉语:他从旧金山坐长途汽车经过芝加哥到纽约。
英语:He came to New York from San Francisco through Chicago by greyhound bus.

从上例中很明显地可以看出,汉语的语序是和时间顺序、事物顺序相密切联系的,从而使得"汉人的思维趋于着重对具体事物的感知",而英语由于受形态、语法范畴的限制,句法顺序与时间顺序、空间顺序无关,而与语法形式有关。

汉语注重时间和事物的顺序,自古而然,素以《春秋》笔法著称的写史方法,就是寓褒贬于一字。其实这种寓褒贬于一字的手法,正是汉语"书面文字的精细、严谨、有见识使用"的一个方面,而且也和事物、时间顺序相一致。如:

(僖公)十有六年春,王正月,戊申朔,陨石(即流星)于宋,五。是月,六鹢退飞,过宋都。(《春秋》)

对《春秋》进行解释的著名三传《左传》《谷梁传》《公羊传》对这句话进行了不同的解释:《左传》说"石"是"星"(流星),六鹢退飞则是由于异乎寻常的强风;而《公羊传》则解释为:"曷为先言'陨'而后言'石'?'陨石'记闻,闻其磌然,视之则'石',察之则

---

① 戴浩一:《时间顺序和汉语的语序》,载《国外语言学》,1988年第1期。

'五'。……曷为先言'六'而后言'鹢'？'六鹢退飞'，记见也，视之则'六'，察之则'鹢'，徐而察之则'退飞'。"《谷梁传》的解释也强调了语序的重要性："（陨石于宋，五。）先'陨'而后'石'，何也？'陨'而后'石'也。于宋四境之内，曰'宋'。后数，散辞也，耳治也。'六鹢退飞，过宋都'，先数，聚辞也。目治也。……君子之于物，无所苟而已矣。石鹢且犹尽其辞，何况于人乎？故五石、六鹢之辞不设，则王道不亢矣。"① 语序被提到了王道的高度来认识，汉语重视语序于此可见一斑，也体现了语序对中国人思维样式的影响。

汉语的这种语序就如同客观事物发生发展的事理一样，同时间顺序一样很难更改。而这一点在进行判断时就显得尤为重要，如我们说"中国人是黄种人"，便不能倒置为"黄种人是中国人"，由于受语序的限制，没有谁会进行这样的倒置。假如有谁进行了这样的倒置，他便有可能发现概念外延间的大类和小类的关系，就有可能引申出命题理论来。公孙龙在论证其"白马非马"的理论时，就颠倒了这种语序，从而发现了类的概念间关系：

马者，所以命形也；白者，所以命色也。命色者非命形也。故曰："白马非马"。

这一段话，以马为起首词，引出议论的主题，顺着文意，"马"只是用来指称或反映形体的，"白"只是用来指称或反映颜色的，反映颜色的不是反映形体的（倘若把这句话理解成：反映形体的不是反映颜色的），那么，这段话的正常思路就该是，故曰："马非白（马）"。也

---

① 胡适：《先秦名学史》，学林出版社1983年版。

即"马≠白马",再颠倒过来,也就成了著名的命题"白马非马"。一般的研究者都认为"白马非马"这一命题的主要目的"在于从内涵和外延上揭示概念的种属差异关系",说明种概念和属概念在质和量的方面各有自身的规定性(确定性)。① 公孙龙的"白马非马"理论掀起了先秦中国哲学界的一场大辩论,使得"关于'属性''类''同类'的概念思辨,风靡整个古代中国思想界。从悖论出现以及解决悖论的种种尝试来看,几乎可以说发现形式逻辑规律的曙光已在地平线上隐隐出现。特别是公孙龙和墨家,可以说是最接近发现三段论那些必要条件的。"② 公孙龙倒置语序被认为几乎使中国先哲走上了发现三段论的道路(我们认为在中国古人的逻辑推理中不存在三段论推理的形式,见上文),而这一点,在古希腊哲学家那里,由亚里士多德实实在在地做了。

传统逻辑把三段论表述为"所有 M 是 P,所有 S 是 M,所以,所有 S 是 P(Barbara)",这种语序体现了主词在前处于第一位,谓词在后处于第二位的特征。但是,这种表述却不是亚里士多德的原始表述,尽管这种表述与古希腊语言是一致的。亚里士多德对 Barbara 的原始表述为:

> 如果 P 属于每个 M 并且每个 M 属于每个 S,那么 P 必然属于每个 S。

这体现了谓词放在第一位,主词放在第二位的特征。"但是这种表述方式在古希腊的自然语言中是很少见的。它是亚里士多德为了构造一

---

① 李匡主编:《中国逻辑史》,甘肃人民出版社 1989 年版。
② 金观涛、刘青峰:《为什么中国古代哲学家没有发现三段论》,载《自然辩证法通讯》,1986 年第 1 期。

个清晰、严格的三段论体系而采用的技术语言。亚里士多德使用它并且在三段论系统中贯彻始终。帕希兹称它为'述语表述'。亚里士多德是从自然语言出发,并且从最简单的'S是P'这样的命题出发,一步步深入分析研究,最后建立起自己的逻辑体系的。他研究的对象是自然语言,使用的元语言也是自然语言,即使在论述三段论时他使用字母来进行表述,也是为了更清晰地揭示出命题的结构及其推理形式。如前所述,他在建立三段论演绎系统时,也意识到古希腊语在表述上的含混之处,并试图以一种明晰的语言建立自己的系统,为此他选用了'属于''谓述'这样的表达式。这里,他是希望借助希腊语法中的格的特点来区别出主词和谓词。但是这依然限于自然语言的范围。因此,自然语言是什么样,在很大程度上决定了他的逻辑是什么样,也可以说,他的逻辑是由自然语言的语法形式决定的。"①

中国古人对语言和文字持敬畏态度,中国哲学基本的形态与方法之一就是"对文字进行深入的省察,以明白万事万物的道理"②。文以载道的思想深深地束缚了中国古人的思想,这种对文字的敬畏态度在宗教中表现得尤为突出。"中国人特有的道教,事实上正是一种文字教。相传古代医师有所谓'祝由科'者,云系黄帝所传,故称为轩辕黄帝祝由科。乃黄帝仰观俯察,利用文字、造为秘字符章,'以尚字为将、食字为兵,各作为先锋,以作治病驱邪之用'(《黄帝碑记医学祝由十三科·序》)。盖即祷祝病由,以符治病者也。其法出于天师,相传迄今。这是道教符字妙用之一端,也最能显示我们对文字神奇力量的信仰。与道教灵宝派所谓'无文不生,无文不度,无文不成,无文不立,无文

---

① 王路:《亚里士多德的逻辑学说》,中国社会科学出版社1991年版。
② 龚鹏程:《文化符号学》,台湾学生书局1993年版。

不明，无文不光'相似，文字被视为一切生成变化的枢纽与力量。"①对语言文字如此敬畏，以及古代汉语中所表现出来的逻辑事理，使得古代汉语的语序上具有一种不同于古代希腊语的特点，因而在人们的思维的深处，较少具有古希腊民族思维的命题判断的形式。

由于汉语不以形态特征作为标志，而以语序的排列组合作为语法手段，表现事理，语序在一定程度上起到了理解思想、组成命题和推理的作用。语序决定了一句话，一个思想当中谁是陈述者，谁是被陈述者，而不像西方语言那样靠格来确定，主语和谓语之间的区别不是依靠格的形式去区别，而是靠语序去完成。语序不同，意思也不一样，因此，语序实际上起到了意会理解思想的作用。语序不同形成的命题或判断就不同，现代汉语中"他完全没有听明白我的话"和"他没有完全听明白我的话"就表达了差别很大的思想。"中国人战败了美国人"和"中国人战胜了美国人"，尽管使用了意义截然相反的两个词，但表达的思想或者说形成的思想是一样的，由此可见语序，即主项位置还是谓项位置对一个命题或者判断来说，是一个非常重要的因素或手段。

2. 系词

系词在逻辑学中的作用尽人皆知，从西方亚里士多德逻辑学的产生和发展来看，系词的探讨总是饱受希腊逻辑学家的青睐和关注，尤其是以亚里士多德及其弟子（如亚历山大等）为最。亚里士多德的命题理论，就是建基于对系词的研究和理解，可以这样说，没有亚里士多德的关于系词的深刻研究，就没有亚里士多德的逻辑。"亚里士多德是直接结合语言、语法来研究命题或判断的。语言是思想的直接现实，必须通过语言的形式，才能发现语言形式所表现的思想方面及其相应的逻辑

---

① 龚鹏程：《文化符号学》，台湾学生书局1993年版。

形式。"①

"亚里士多德对判断的组成的分析,密切地结合着语法上的直陈句。他分析出判断的主词、谓词和量词,没有明确地、单独地区分出判断的联系词作为判断的第三个组成部分。后来的亚历山大才把联系词作为一个特殊的组成要素明确地区分出来。"虽然亚里士多德没有把系词明确地看作是判断的一个组成部分,这一方面是受当时的语法学的影响,另一方面是因为亚里士多德"在讨论什么是命题之前,先把命题分解为构成命题的主词、谓词和联系词,对之进行细致的分析,研究主词、谓词和联系词的性质、种类或样式"②。更主要的原因是系词所具有的联结作用在西方民族思维中具有普遍性和极为重要的作用。因为西方语言不是依靠意会,而是依靠形式才能把握思想,所以,在印欧语言中,系词也必然地具有普遍性和重要作用。受系词的影响,西方人把握事物之间的联系,也是通过系词来完成。在印欧语言中,动词造句要依靠系词来完成(除极少数时态外),更不用说那些系表结构的句子,更是无论如何也离不开系词的。在一定程度上说,西方的语言是以系词为中心的语言。因而系词在他们的民族思维中也就成了进行判断的中心。

亚里士多德(包括其弟子)正是抓住了西方语言中的这个命脉所在,通过对系词所联结的主词和谓词之间的关系的考察,研究了表现在语言中西方民族思维之中的判断,开辟了一条通往逻辑学殿堂的康庄大道。亚里士多德"对'S 是 P'这样的命题进行了明确的划分,确定了A、E、I、O 四种形式及其对当关系,并在此基础上建立了相应的三段论格与式及其相应规则"③。

---

① 马玉珂:《西方逻辑史》,中国人民大学出版社 1985 年版。
② 马玉珂:《西方逻辑史》,中国人民大学出版社 1985 年版。
③ 王路:《"是"的逻辑研究》,载《哲学研究》,1992 年第 3 期。

系词"是"在西方传统逻辑的形成和发展中起了至关重要的作用,可以说,有无系词"是",是关系到逻辑能否产生的关键。"亚里士多德是逻辑的创始人,他针对古希腊辩论中的问题,想提供一套行之有效的方法,以保证推理的必然性,从而形成了四谓词理论,而这个理论是围绕着'是'展开研究的,因此可以说,逻辑学的形成和发展是从'是'的研究开始的。"① 对印欧语言中系词"是"的研究的意义在这里被揭举得明明白白,充分说明了系词"是"与逻辑学之间的关系。系词作为语言现象之一,为什么受到亚里士多德及其弟子的关注呢?这是因为"在古希腊语中,'S 是 P'是一种基本的语言形式。'是'联结主语和表语,这是由古希腊语法性质决定的。这里有三点最为重要。第一,古希腊语中有这样一个'是'。第二,'是'是句子中最基本的、稳定的语言要素。第三,'是'是普遍适用的词"②。更主要的是,由"是"字形成的判断过程是古希腊乃至整个西方民族思维中的重要环节。"是"字句准确地体现了西方民族的判断心理。

从汉语的实际情况看,上古汉语里没有系词"是"。王力先生在《汉语史稿》(中册)中曾经指出:"就汉语来说,真正的系词只有一个'是'字……在现代汉语里,判断句以用系词为常。在上古汉语里,情况正相反。名词不需要系词的帮助就可以构成判断。"③ 说得明白一点,就是上古汉语没有系词,也用不着系词。

例如:

是故里长者,里之仁人也。(《墨子·尚同上》)

---

① 王路:《"是"的逻辑研究》,载《哲学研究》,1992 年第 3 期。
② 王路:《"是"的逻辑研究》,载《哲学研究》,1992 年第 3 期。
③ 王力:《汉语史稿》(中册),中华书局 1980 年版。

彼后王者，天下之君也。(《荀子·非相》)

窈窕淑女，君子好逑。(《诗经·周南·关雎》)

予惟小子。(《尚书·大诰》)

即使在今天我们能够当系词去理解的"为"字，在王力先生看来，也不是系词，而认为上古汉语是不用系词的，从而反对上古汉语系词省略的说法，并把所谓的上古汉语省略系词的说法看作是主观的看法。

例如：

余为伯鯈，余而祖也。(《左传·宣公三年》)。

桀溺曰："子为谁？"曰："为仲由。"(《论语·微子》)

尔为尔，我为我，虽袒裼裸裎于我侧，尔焉能浼我哉？

(《孟子·公孙丑上》)

王力先生指出："这种'为'字并不是真正的系词，因为：（一）它不是普遍应用的，而是偶然出现的；（二）特殊情况下才有用它的必要。因此，如果说上古以省略系词为常，这种说法还是错误的。以一般最常见的结构形式为省略形式是主观的看法。"①

系词"是"是由代词的性质逐渐发展而来的，原因是由于"是"字经常处在主语和谓语的中间，这样就逐渐产生出系词的性质来。"汉语中真正系词的产生，大约在公元第一世纪前后，西汉末年或东汉初叶。"②

汉语（上古汉语）中没有系词"是"字，并不是说中国古代的先

---

① 王力：《汉语史稿》（中册），中华书局1980年版。
② 王力：《汉语史稿》（中册），中华书局1980年版。

哲们不会作出判断。在他们的思维活动中，依然存在作判断的心理活动。正如荀子所讲"辞者，兼异实之名以论一意也"，墨家所言"以名举实，以辞抒意，以说出故"，像下面这些句子，都应该说它们表现了判断的思维过程。

例如：

滕，小国也。（《孟子·梁惠王下》）
亚父者，范增也。（《史记·项羽本纪》）
陈胜者，阳城人也。（《史记·陈涉世家》）

然而，当我们仔细翻检先秦文献时，就会发现，在上古汉语中（先秦）很少存在西方意义上的系表结构，倒更多的是一些近似比喻或者表示原因、解释、列举的关系，较少存在类与类之间的外延关系。

例如：

仲尼，日月也。（《论语·子张》）
良庖岁更刀，割也。族庖月更刀，折也。（《庄子·养生主》）
孔子之谓集大成。"集大成"也者，金声而玉振之也。"金声"也者，始条理也；"玉振之"也者，终条理也。"始条理"者，智之事也；"终条理"者，圣之事也。（《孟子·万章下》）
逸民：伯夷、叔齐、虞仲、夷逸、朱张、柳下惠。（《论语·微子》）
君子之德风，小人之德草。（《论语·颜渊》）
虎者，戾虫；人者，甘饵。（《战国策·秦策二》）
庠者，养也；校者，教也；序者，射也。（《孟子·滕文公

上》）

乾，健也；坤，顺也；震，动也；巽，入也；坎，陷也；离，丽也；艮，止也；兑，说也。（《周易·说卦》）

形而上者谓之道，形而下者谓之器，化而裁之谓之变，推而行之谓之通，举而措之天下之民谓之事业。（《周易·系辞》）

凡师一宿为舍，再舍为信，过信为次。（《左传·宣公十二年、十五年、庄公三年》）

严格意义上的系表结构的匮乏，表明先秦的先哲们对属概念和种概念的认识并不深刻，至少是没有更多地把这些"类"与"类"之间的关系看成是上下位关系。在亚里士多德那里，所有概念都能从最高类（属）到个体，按属种的层次、顺序排列。下位概念成为其正上方的上位概念的"谓词"（表示某思维对象的属性概念），上位概念成为其正下方的下位概念的"主词"。①

由于先秦的先哲们过分看重"类"概念中的"相似"特征（当然也有属种的论述，如"名：达，类，私"），因而没有向属概念和种概念关系进一步渗透。②

语言系表结构的匮乏，或者"以古汉语为载体的命题'兼异实之名以论一意'，也不具有希腊逻辑的主谓结构"③，因此，"古代汉语中没有'是'作系动词，因此，逻辑学没能对'是'进行逻辑分析，也

---

① ［古希腊］亚里士多德：《范畴篇》《解释篇》，见苗力田主编：《亚里士多德全集》第1卷，中国人民大学出版社1990年版。
② 先秦诸子的类概念更多的是倾向于两件事或两个行为之间的相似，与西方的类概念有一定的差异，似乎对概念间的外延关系关注不够。
③ 尚志英：《中西逻辑在命题和推理方面的学术差异》，见《现代逻辑与逻辑比较研究》，开明出版社1992年版。

就没有形成相应的逻辑理论"①。

胡适先生在他的《先秦名学史》中把西方具有系词的命题，同没有系词的汉语命题进行了简单对比，认为"苏格拉底是一个人"同"苏格拉底，人也"是同样的结构形式，并认为"在西方逻辑中围绕系词发生出来的一切神秘的晕就这样被消除了"②。胡适先生还在注中引用了霍布斯的话作为佐证。霍布斯在其《哲学原理》第一篇第三章第二节中指出："但是有些时候，或者说肯定有些民族没有和我们的动词'is'相当的字。但他们只用一个名字放在另一个名字后面来构成命题，比如不说'人是一种有生命的动物'，而说'人，一种有生命的动物'；因为这些名字的这种次序可以充分显示它们的关系；它们在哲学中是这样恰当、有用，就好像它们是用动词'is'联结了一样。"③

胡适先生的这种理解，就把两种很不相同的语言现象简单化了，俗话说，真理和谬误只有一步之差，有没有系词，看起来似乎大差不离，其实却大相径庭，系词的有无对一个民族的思维活动具有重要的影响。例如，由于先秦汉语中没有系词，所以，很容易发展出关于"侔"式的推论：

　　白马，马也；乘白马，乘马也。
　　狗，犬也；杀狗，杀犬也。
　　弟，美人也；爱弟，爱美人也。

注意，这种侔式推理与附性推理不同，附性推理是在一个性质判断

---

① 王路：《"是"的逻辑研究》，载《哲学研究》，1992年3期。
② 胡适：《先秦名学史》，学林出版社1983年版。
③ 胡适：《先秦名学史》，学林出版社1983年版。

中，对主项、谓项都附加一个属性。

例如：

人道主义是一种伦理原则，
所以社会主义的人道主义是社会主义的伦理原则。

由于先秦汉语中没有系词，所以，侔式推理就不仅仅局限于附加属性，而可以附加动词等属性。

有无系词，有时候会使一个命题表达的含义不一样，例如王路先生对"事物是相互联系的"的分析，认为至少包括以下几种含义：

A. 对任何事物X，X与自身相联系。
B. 至少有一个事物X，X与自身相联系。
C. 对任何事物X，对任何事物Y，X与Y相联系。
D. 对任何事物X，至少有一个事物Y，X与Y相联系。
E. 至少有一个事物X，至少有一个事物Y，X与Y相联系。
F. 至少有一个事物X，对任何事物Y，X与Y相联系。

由系词构成的命题具有如此复杂的含义，上古汉语中的"X者，Y也"结构很难表达这样丰富的思想。

所以，西方的系词系统发展、引申了命题理论，可以进行性质判断之间的互推，并由此而进入三段论推理。中国古代汉语中没有系词，就很自然地发展、引申了诸如"侔"式推理、"譬"式推论，甚至直接进行因果推理。

例如：

仲尼，日月也。（比喻）

君子之德风也，小人之德草也。（比喻）

良庖岁更刀，割也，族庖月更刀，折也。（因果）

根据语言是思想的直接现实的理解，语言中没有系词"是"，可以表明以"是"为中心的命题在中国人思维中是很少存在的，由于思维中不存在这样的命题，语言中自然也得不到这样的反映。

由于古代汉语中没有系词，因此，事物之间的联系就不是那么分明，"者……也"式的语言结构其实是中国古代先人的思维的再现。这种结构使得"者""也"两词前面的陈述部分的关系不必像西方系词语言所联系的那样，必须是种属关系，而可以是种属关系、平行关系、交叉关系，甚至全异关系。像"仲尼，日月也"，就是一个形象的比喻，把孔子理解成太阳和月亮，这种体现甲事物到乙事物的语言结构，自然地就容易形成由此及彼的推类。所以，由近推远，由古推今，由今推未来，由大推小，由小推大，无不是这种语言结构的影响。

第三章 中国语言与中国逻辑（下）

一种语言使用的是拼音文字体系还是表意文字体系，对这种语言，以及对使用这种语言的民族文化、民族思维样式来说，都具有极为重要的影响。日本学者中村元（Hajime Nakamura）带有偏见般地认为："中国思想的文字表达式的非逻辑特征，自然是与中国语言的特征密切联系着的。相应于西方语言的介词、连词和关系名词这样的词很少。没有单数与复数的区别。一个字可以表示'一个人，一些人或人类'（un homme, quelques hommes, or humanite），对动词的时态和式的表达式，没有固定的和确定的形式加以表示。没有格。一个词可以是名词、形容词或动词。"① 就汉字和汉语对中国古代的逻辑理论和思想的影响，中村元看到了，但他的这种观点是用西洋的逻辑学作为尺度来衡量的，不尽符合中国古代的逻辑理论和思想实际，也不尽符合古代汉语（汉字）对中国古代的逻辑理论和思想的影响的实际。"中国人的概念总是以很具体的形式来表现，几乎所有的字都表示一种特殊的观点，即在特定状态下被感知的事物的存在的形式。中国人表示事物不是基于分析，而是

---

① ［日］中村元、闫小波：《中国人思维方式的特征》，载《世界经济与政治论坛》，1989年第6期。

基于个性和特征。如'山'竟有18个字可以表示；'马'有23个字表示。另一方面，中文却没有一个字（词）能与西方表示抽象观的词相对应，因为中文那种综合的特征很接近于专有名词，而与西方的普通名词相距甚远。如'rivers'，中文有江、河等。中国人还喜欢用数字来表示抽象观点，如快马称'千里马'，其'千'并非量的概念，而是一种性质。他们还以很形象的矛和盾来表示矛盾这一抽象概念。"① 中村元在这里看到了汉字在表达思维这方面的特征：用形象的数和量来表达抽象的"性质"，用具体的事例说明抽象的理论。然而，在中村元的心目中，存在着西方文字是优等文字、汉字是劣等文字的民族褊狭，这是一种对整个表意体系文字的不公正的理解和评价。正如本书所指出的那样，正是汉字自身所具有的表意性、形象性、容纳信息含量高的特点，锻炼了中国古人的思维，并使中国古代的科学技术一直领先于西方的科学技术。韩国学者南明镇认为："还有一个特征，是中国文字缺乏标点，容易引起语法歧义。在中国语文表达上会发生缺乏结构精确性。如'x+y+z'式的话就是歧义的。例如说'父在母先亡'的命题，它可以用来表示'父亲先于母亲去世'，也可以用来说'父亲仍在，然而母亲却已先去世。'……在文字构造上，中国文字以部首来组成，每个部首都有每个部首的关联概念，例如，所有属于'人'字部首的字可算是属于有关人的概念；'金'字部首的所有的字也属于有关'金属'的概念。中国文字中属于有关'人、手、心、口、言、走、宀'等部首的文字比其他部首字多。对于这种现象，我们可说中国思考的特征，是以人为主体的思维内容较强烈。此点也可证明，中国学问本质上是以人为主体的注重生命的学问，而不是发展到以客观知识为对象的分析抽象

---

① ［日］中村元、闻小波：《中国人思维方式的特征》，载《世界经济与政治论坛》，1989年第6期。

的学问。……从中国语文的发展过程上看，其理智抽象性比较弱，适合感通的艺术性（如诗悟性、绘画性）表达。总之，从表达功能上看，中国语文的客观对象化的理智明晰性功能较弱，而注重生命情调及主体的道德性自觉的效能较强。此点也可算是中国未能发展到纯思维形式的逻辑学的原因之一。"① 更有甚者，有的国外学者竟然认为："对科学革新起阻碍作用的……是中国文字的表意性质。"② 所有这些，都是看到了汉字对整个中华文化的影响，然而也更带有强烈的片面性，看不到汉字自身蕴含的逻辑特征，没有看到汉字对中国古代的逻辑推理，乃至对中国古代的逻辑理论和思想所具有的积极影响。这些学者都是把西方的逻辑学标准、语言的标准用来套用中国古代的逻辑理论和思想，用来套用中国古代的语言文字，稍有不合之处，似乎就是汉字文化的不足，这种完全由"西"看"中"的思想是我们所不能接受的。

吕叔湘先生在《语言和语言研究》中指出："19世纪欧洲语言学家把世界上的语言分成孤立、黏着、曲折三个类型，并且说这个代表语言进化的三个阶段。汉语被认为是孤立语的典型，代表着发展的低级阶段。过后又有语言学家发表相反的意见，认为语言从综合型向分析型发展，汉语代表发展的高级阶段。其实是各种语言各有自己的发展方向，都能够满足使用这种语言的人在一定历史时期的表达要求，可以说是各有千秋，不必勉强分别高低。"③ 瑞典著名的汉学家高本汉则指出："中国不必除去自己的特殊文字而采用我们的拼音文字，并非出于任何愚蠢或顽固的保守性……中国人抛弃汉字之日，就是他们放弃自己的文化基

---

① ［韩］南明镇《中国何以未发展出像西方那样的逻辑学》，载《孔子研究》，1992年第3期。
② 转引自李国豪等主编：《中国科技史探索》，上海古籍出版社1986年版。
③ 转引自冼为铿：《谈文字说古今》二集，澳门基金会1994年版。

础之时。"① 特别是进入 20 世纪八九十年代以来,汉字的意义又被人们重新认识,认为:"21 世纪应是汉字发挥其威力的时代"②。"汉字是一种阿丽斯仙境似的领域,每一段转弯抹角就有一段故事。""中国的汉字不是凭空乱造的,反之,它是世上唯一的视觉文字,并且也是具有逻辑性的文字。不懂汉字造字逻辑的人,认为它难学难懂,实在不然。"③

本书认为,汉字同拼音文字一样,作为书写语言的辅助工具,也都体现了一定的民族要求,也同时体现了这种语言文字对使用这种文字的民族的思想的影响,是汉字自身所包含的逻辑性塑造了中国人的思维样式,影响了中国人的逻辑推理。

第一节　语素音节文字

通常我们都把汉字称作表意体系的文字,那么这个"表意体系"的确切含义是什么呢?首先,汉字不是象形文字,因为象形文字在整个汉字体系中所占比例甚小。"现在汉字总数六万,形声字可能超过百分之九十五了。所以汉字的创造类型,始终以形声字为最多。"④ 裘锡圭先生在其所著《文字学概要》里指出:"近代研究世界文字发展史的学者,起初把汉字、圣书字、楔形文字这种类型的文字称为表意文字。这一类型的文字都包含大量表音的成分,把它们简单地称为表意文字,显

---

① 转引自冼为铿:《谈文字说古今》二集,澳门基金会 1994 年版。
② 袁晓园、徐德江:《21 世纪应是汉字发挥其威力的时代》,见袁晓园主编:《二十一世纪——汉字发挥威力的时代》,光明日报出版社 1988 年版。
③ 董破晓:《"部首切字法"是学用汉字上的一个创见》,见袁晓园主编:《二十一世纪——汉字发挥威力的时代》,光明日报出版社 1988 年版。
④ 蒋善国:《汉字学》,上海教育出版社 1987 年版。

然是不妥当的。到本世纪 40 年代，有人提出了'过渡文字'（指由表意向表音过渡的文字）的说法。但是，把这些有几千年历史的成熟文字体系称为过渡文字，显然也是不妥当的。进入 20 世纪 50 年代之后，出现了'词——音节文字'（word syllablic writing，或译'表词音节——文字'）、'音节——表意文字'等新的说法。国内在 20 世纪 50 年代后半期，也有人提出了汉字不是表意文字，而是'综合运用表意兼表音两种表达方法'的'意音文字'的主张。"由于汉字既表意又表音的特征，所以，"汉字不应该简单地称为语素文字，而应该称为语素音节文字"。①

但是，不管用什么名称，只要是汉字，就一定离不开意符，即使是纯粹表音而来的假借字，其本字也一定离不开象形表意的特征，汉字的背后总有象形表意的影子。但这种象形表意已经脱离了图画的性质。"古人是并不愚蠢的，他们早就将形象改得简单，远离了写实，篆字圆析，还有图画的余痕，从隶书到现在的楷书，和形象就天差地远。不过那基础并未改变，天差地远之后，就成为不象形的象形字。"② 这种"不象形的象形文字"有其极为重要的特点，即介乎直接的感性事物于观念性的思想之间，这个特点是表音体系文字所无法比拟的。

这种语素音节文字形象直观，"可以见形知义，由于它以象形为基础，在象物、象事、象意、标示的构型中具有象征性，这种象征一经人为约定，就使它具有逻辑思维的功能；既能直接间接地激发听、视想象去推断字义，也能从符号的构型中去反推先民造字时的逻辑思维的认识

---

① 裘锡圭：《文字学概要》，商务印书馆 1988 年版。
② 鲁迅：《门外文谈》，人民文学出版社 1974 年版。

成果"①。有人认为，中国没有能发展出西方亚里士多德的那样逻辑，除了很多原因外，"汉语是象形文字，不是拼音文字，不便引进逻辑变项，用汉语表达的中国逻辑的一些原理很难用人工语言加以形式化"②也是很重要的原因。其实，正是汉字的这种想象、联想和推理影响了中国人的思维样式，使得中国人的思维具有逻辑性。

从汉字的结构来看，汉字自身既可以理解成一个文字符号，同时也可以理解成一个概念，例如：人、山、耳、目、水、草、火等。有时，一个汉字也可以理解成一个判断，透过汉字结构本身，我们可以看到中国古人的判断过程，这种文字自身所具有的断定性质，在耳濡目染中使中国人的思维受到影响，自然使人们的思维带有汉字的特征。像汉字的"歪""孬"等会意字给古人乃至今人深刻的影响。"不正就歪""不好就孬"这种意会性，这种思维特征必然会使使用这种文字的人们形成一种意会的思维惯性。因此，在一定意义上，我们说，汉字自身就是判断，这一方面是因为汉字与意义紧密相连，见形即可知其意，由此而可以获得概念；另一方面，汉字的意义的获得，从造字来说，要有思维过程，从识字来说，又要受造字过程的思维过程的影响，例如：

昶　《说文解字》新附字："昶，日长也。从日、永，会意。"
伐　用戈砍人头。
暹　《广韵》："暹，日光升也。"从"日、进"，会意。
卉　《说文解字》："卉，草之总名也。"从三"草"。

---

① 李建钊：《汉字符号的逻辑功能》，第一届、第二届东亚符号学国际会议，1992年10月。
② 张春波：《中国哲学的逻辑和语言》，载《吉林大学学报》，1990年第3期。

武　从戈，从足（止），止戈为武，又，从足（止）从戈，耀武扬威。

汉字不仅具有概念、判断的功能，而且在一定条件下，不论是反推先人造字的心理过程，还是在破译先人造字的心理过程，我们可以看到先人的思维活动，看到他们的推理过程，同时，我们自己也经过一次逻辑推理过程。例如：

字　从宀，从子，宀即是房屋的意思，房屋里有小孩子（子），即可推理而得家里新添了一口人，即为生孩子的意思。

暴　从日，出，从収，从米。（段玉裁《说文解字注》："日出而竦手举米晒之，合四字会意。"）

寇　从宀，从人，从攴；表有人手持器械进屋袭击人。

兼　从手，从双禾，一手而持双禾，故为兼得。

汉字的这种意会性特点同汉语的意会性相辅相成，一脉相通，所以几千年来，二者谁也没有抛弃谁。汉字自身所具有的逻辑运演，自身所具有的意会性、具象性训练培养了中国人的思维样式，决定了中国人逻辑推理的推类性、意会性。海外研究汉字的著名学者安子介也指出："汉字意义大多是根据逻辑被人们推理出来而不是只据读音来理解的。"[①] 由于汉字自身的表意性，它不是由声音而刺激人们对事物的联想，由此而形成概念、判断、推理，像拼音文字那样，而是可以在一定程度上脱离语音而存在，尽管读音可能读不准，但这个字所

[①] 安子介：《解开汉字之谜》，瑞福有限公司1990年版。

表达的意义则是清楚而又明确的，这又使汉字自身自成系统，更具逻辑运演功能。关于这一点，研究汉字的著名学者蒋善国也认为："文字是表达语言的，特别是表达语音的。所谓'依声以造字，而声即寓文字之内'（王筠《说文释例》卷三）。任何书写符号都不能避开语言，独自表示、表达概念，都是标记表示概念的单词，而不是仿佛不依靠词而存在的在词以外的概念本身，因此文字是通过语音来知义的，所谓'以音载义'。但原始象形文字源于绘画，见画知义，因而见形知义，可以与语言联系起来，达到知音的程度。表意文字的根本特点是它专表形意，而与语音没有直接联系。……一个象形文字在不同的地区，不同的时代，有不同的音读，也证实了表意文字与语音的联系不够。"①

汉字集概念、判断、推理于一身（虽然这种推理是意会的、具象的、直觉的），这就大大地锻炼了中国人的思维能力。在一个人的思维过程中，很难区分出"单独"的、"纯粹"的概念、判断和推理，概念、判断和推理总是相互交错，相互渗透的；汉字集概念、判断和推理于一身，准确而又真实地反映了人们的思维活动。对于汉字的这种功能，西方很多学者有着精辟而深刻的见解。西方现代语言学家、哲学家德里达（J. Derrida）指出："它们（汉语、日语）在结构上主要是图像的或代数的。因此我们可视为证明，说明有一种很有力的文化运动发展在逻格斯中心体系之外。它们的书写并不曾减弱语音使化为自己，而是将它吸收在一个系统之中。"② 范诺洛萨也说："你或会问道汉文如何能从绘画似的书写建立起这样庞大的智性结构？对于一般西方头脑，这种功业似不可能，因为他们认为思想是与逻辑范畴有关，而逻辑是蔑视

---

① 转引自蒋善国：《汉字学》，上海教育出版社1987年版。
② 转引自郑敏：《语言观念必须更新》，载《汉字文化》，1997年第4期。

直接想象的功能的。但是汉语以它的特殊材料穿透了可见而达不可见的境地。"①

与汉字不同，印欧语言使用的声音名称字母，与意义完全相脱离，完全依靠音值来刺激人们的大脑，以唤醒对该音值所表达的事物的认识。字母发展到古希腊语时期，字母名称已不再表示意义，与意义完全脱离，因而被有的研究者称为"名称的无意义化"时期，也是"名称历史的第二个阶段"。② 根据周有光先生《世界字母简史》研究，字母有音值，也有名称，音值是字母在文字中间所代表的语音，名称是称说字母的外号。例如，A 的音是"啊"[a]，名称是"阿勒夫"（aleph）；B 的音值是"彼"[be] 或"巴"[ba]，名称是"彼脱"[beth]。在闪米特语言中，名称都是有意义的语词，这叫作"有义词名称"。例如，alph 是"牛"，beth 是"房子"，gimel 是"骆驼"，deleth 是"门"，be 是"声音"，waw 是"钩子"，zayin 是"橄榄"，kheth 是"栅栏"，teth 是"球"，yodh 是"手"等，不一而足，这是字母名称的第一阶段。到了古希腊语时代，字母名称起了变化，在外形上，由闪米特字母的辅音结尾变成了元音结尾，由闭音节发展而为开音节，更加需要注意的是，字母名称在闪米特语言中是"有义词"，而到了古希腊语言中则变成了没有意义的"无义词"。

关于名称和字母的关系有两种学说。一种叫"固有意义说"，这种学说认为字母是由早期的图形符号演变而来的，就如同汉字中的象形字是由图画演变而来一样，图形原来代表的意义，后来就成为字母的名称。例如字母 A 原来写作 ∀，是"牛头"的图形，简化成字母后，仍旧叫它 alph，即"牛"的意思。另一种学说叫"后加外号说"，这种学

---

① 转引自郑敏:《语言观念必须更新》，载《汉字文化》，1997 年第 4 期。
② 周有光:《世界字母简史》，上海教育出版社 1990 年版。

说认为，字母除极少数例外，都是简化改造得跟原来图形没有任何关系了，这其中还有很多根本就不是起源于图形的新创符号。古人为了称说方便，给字母任意起了"外号"，后来外号用成习惯，就误认外号为字母的固有意义了。后加外号说现在愈来愈多地得到多数学者的认同，因为能用文字史资料追溯"固有意义"的字母太少了。①

字母在古希腊语言中即已失去了原有的意义，而只作为一个纯粹的字母与其他字母拼合才能用来表达相应的单词，这个时候才实现词的"音义结合"。由于不是由语素组成单词，而是由字母组成单词，就没有了汉字识记的意会性特征，而体现出一定的声音与一定的意义的约定俗成，所以这种语言必然地要发展成为多音节语言，从而实现其语言的线性发展，从而要求这种语言避免出现同音现象。汉字则不然，单音节性，加上使用了声、韵、调三个语音要素，叠床架屋，从而实现了汉语的形、音、义的立体发展。可以毫无夸张地说，读汉语认汉字，就像欣赏一幅图画。美国语言学家范诺洛萨在1908年撰文《汉字作为诗歌的媒体》中概括了汉字的这种特性，指出汉字充满了动感，不像西方文字被语法、词类规则框死；汉字的结构保持其与生活真实间的暗喻关系；汉字排除拼音文字的枯燥的无生命的逻辑性，而是充满感性的信息，接近生活，接近自然。安子介先生在他非常有创造性的《劈文切字集》中就从汉字的结构中描绘出"一幅初民生涯图"。② 正因为字母与意义分离，不能作为一个语素参与造词，所以就必须用很多的框框去限制它，驾驭它；也正因为有了这些框框，才需要发展出一种逻辑学，也可能发展出一种逻辑学。汉字则不然，显得生动活泼，没有条条，也没有框框。"伐"，一说是"从人，持戈"（《说文解字》），一说是"从

---

① 周有光：《世界字母简史》，上海教育出版社1990年版。
② 转引自郑敏：《语言观念必须更新》，载《汉字文化》，1997年第4期。

戈，为武"（《说文解字》），一说是"从足持戈，举着武器耀武扬威的意思"。从这一方面去认识它，有它的这方面的文化内涵，从另一方面去认识它，又有它另一方面的文化蕴涵。汉字的这种情形同汉语的句意的理解非常相似，汉语中一句话的理解总是充满着丰富的想象，充满着意味。总之，汉字留给你无限想象的空间和流动的世界。

由于汉字如此的舒展、飘逸，就很难想象有一个哲学家、语言学家或是文学家还会想到给汉字平添上无形的枷锁，让它"戴着镣铐跳舞"。正如洪堡特所说的那样："恰恰是因为汉语从表面上看不具备任何语法，汉民族的精神才得以发展起一种能够明辨言语中的内在形式联系的敏锐意识。相比之下，那些尝试过为语法关系建立标记，但却没有成功的语言反而愚钝了精神，由于混淆了实体意义和形式意义而导致语法意识模糊不清。"[1] 由于受汉字的这种特点的影响，中国古代的逻辑理论和思想也打上了汉字的这种烙印。先秦诸子纵横捭阖，雄辩滔滔，恣肆汪洋，就是没有辩论双方立敌共许的辩论前提，即以"仁"而言，儒、道、墨诸家都倡导"仁"，但各家对"仁"的理解又是不一样的。同样是为了正名，有的主张以名正实，有的主张以实正名，还有的主张要名实相副。也没有论辩双方都强调必须遵守的论辩原则、方法和途径。《墨辩》中提出了明确的论辩原则、方法和途径正如同诸子百家的学说一样，仍需要"百家争鸣"。

---

[1] ［德］威廉·冯·洪堡特：《论人类语言结构的差异及其对人类精神发展的影响》，姚小平译，商务印书馆1997年版。

第二节　汉字系统

汉字作为记录汉语的辅助交际工具，从本质上说，是一个完整的系统。随着汉语的发展变化，汉字也逐渐由图画文字、表词文字演变而成为语素音节文字，从而形成了一个独特的汉字符号系统。汉字符号系统的形成和发展有其自身的规律，带有强烈的逻辑运演性质，正是这些逻辑运演性质深深地影响了中国人的思维样式，影响了中国人对逻辑推理类型的选择。

早在 20 世纪初，我国著名的文字学家沈兼士先生就注意到了汉字系统自身的逻辑运演问题，他在《文字学之革新研究（字形部）》就汉字的这种性质作了极为深刻的研究：

前年在病榻中，偶然想起从前讲六书论形体的，都是就一字说一字，所以总不免汗漫支离的毛病。我想用一个法子通盘筹算，从根本上解决这重公案：

今先立一定义：

凡汉字，皆系应用象形、指事、会意、形声等法，以·，一，｜，∪，O，×，+……诸简单符号组合而成。前者谓之造字之元则；后者谓之字体之最小分子。

本上定义以施研究之法，其术有二：

(a) 分析各字体，以定各最小分子之作用及其分类。

(b) 综合各类最小分子，以观各元则之应用。

(a) 例如凶之从×，所以表示地之虚陷。由此可以推定卤之从

×，亦当是表示头皮内不充实之意，与凶同意……

（b）自来释六书之例，大都作法自扰；或曰"独"，或曰"合"，或曰"纯"，或曰"变"，或曰"某兼某"；其分别愈多，而淆乱亦愈甚。

今为之立一定义：

凡文字，皆系应用一个或一个以上之元则组合而成。

例如"其"，为应用象形一元则所成者；凶，为应用象形、指事二元则所成者；叠，为应用象形、指事、会意三元则所成者，余可类推。

兹以简便之故，假称（象形、指事、会意、形声）四元则为1，2，3，4，则应用各元则以组合成字之式，当如下表：

1，2，3，4……………… 应用一个元则者四式。

1.2，1.3，1.4，
2.3，2.4，   ……………… 应用两个元则者六式。
3.4，

1.2.3，1.2.4，1.3.4，
                    ……… 应用三个元则者四式。
2.3.4，

1.2.3.4，………………应用四个元则者一式。

就上所列，共计得十五式。其中虽或有性质彼此近于重复者，或无字以当之者，要之造字之式，则尽网罗于此范围之内，固无疑矣。①

沈兼士先生的研究，实际上是把汉字系统看成是运用象形、指事、

---

① 沈兼士：《沈兼士学术论文集》，中华书局1986年版。

会意、形声四种方法，依点划符号组合而成的。组合成一个汉字须有一定的规则，遵循一定的方法。

随着对汉字研究的深入，汉字自身系统中的逻辑运演越来越受到人们的重视，有的研究者干脆把汉字系统当作一个逻辑系统去看待，把象形字看成是汉字系统的初始符号，认为"画成其物，随体诘诎"的象形字具有"形象性、表意性、国际性、独体性"等特点。生成规则有：（a）增减记号；（b）聚形见义；（c）形声合成；（d）声韵合音。替换规则有：（a）借字表音；（b）字义引申；（c）以简代繁等。这种研究，俨然是把汉字系统当成逻辑系统来对待，再加上沈兼士先生的"综合各最小分子，以观各元则之应用"，就构成了汉字系统的推演。

汉字的这种系统，适应了汉语的"偏重心理，略于形式"的特征，也同样符合由汉语几千年来积淀的中国人思维的特征，影响了也同时迎合了中国人的思维样式、推理类型的选择。"汉族人在哲学上重了悟不重形式论证，在艺术上重意合不重形合，在语言上则以非形态的面貌出现。汉语句子的词法、句法和词义信息的大部分不是显露在词汇形态上，而是隐藏在词语铺排的线性流程中的。正是基于汉语语言思维这种独特的性质，所以汉字以象形表意为造字的首要原则，增强单字本身的信息含量，便于读者从上下文的联系中获取语词的确定信息。"①

传统汉字的造字方法六书中，除了转注、假借外，几乎都体现了意会的特点。象形字是"画成其物，随体诘诎"，需要意会，需要心理揣摩，也需要类比联想；指事字是"视而可识，察而见义"；会意字是"比类合谊，以见指㧑"；形声字是"以事为名，取譬相成"等更是需意会和细心揣摩的。通常流行的说法是"读半边，认半边"，"不正就

---

① 申小龙：《汉语人文精神论》，辽宁教育出版社1990年版。

歪，不好就孬，不用就甭"等无不体现了意会整合的特征。

汉语虽然方言各异，而汉字则一。汉字成了维系民族灵魂的有形支柱，其自身的系统性、意会性、科学性，影响并培养了中国人的逻辑思维的运演能力。

第三节　汉字的类比性

溯汉字造字之源，我们可以透视古人从具体的客观世界到抽象的用以指称客观世界的从物到"物"的思维过程，这一过程是通过类比而得到的；这种类比特征在汉字中得到了淋漓尽致的表现，以致人们认为阅读汉字就如同欣赏一幅图画。

关于汉字的起源问题，历来的研究者认为有如下几种：（1）仓颉造字说；（2）伏羲氏画八卦；（3）河图说；（4）图画说。汉字起源于仓颉造字，源于东汉文字学家许慎叔重，他在其所著《说文解字》一书的序中说："古者庖栖氏之王天下也，仰则观象于天，俯则观法于地，观鸟兽之文，与地之宜，近取诸身，远取诸物，于是始作《易》八卦，以垂宪象。及神农氏，结绳为治，而统其事。庶业其繁，饰伪萌生。黄帝之史仓颉，见鸟兽蹄迒之迹，知分理之可相别异也，初造书契，百工以乂，万品以察。"然而论汉字起源的当属《周易·系辞传》为最早。《系辞传》说："上古结绳而治，后世圣人易之以书契，百官以治，万民以察，盖取诸《夬》。"认为汉字是起源于伏羲氏画八卦，则源于《尚书伪孔安国传序》："古者伏羲氏之王天下也，始画八卦，初造书契，以代结绳之政，由是文籍生焉。伏羲、神农、黄帝之书，谓之三坟，言大道也。少昊、颛顼、高辛、唐、虞之书，谓之五典，言常道也。"后世有的文学工作者据此认为汉字是从八卦的卦爻符号中演变而来的。也有的文字工作者认为汉字不可能源于八卦的卦爻符号,理由很简单,八卦是周代才出现的事物,因而其书名之曰《周易》,而甲骨文字早在商代就产生了,甚至可以说已经发展成熟了,所以认为汉字源于八卦是颠倒了事物发生发展的历史。认为汉字源于河图说,则源于《河图玉版》:"仓颉为帝,南巡狩,登阳虚之山;临于玄扈洛汭之水,灵龟负书,丹甲青文以授。"《河图说徵》也说:"仓帝起,天雨粟,鬼夜哭。"《淮南子·本经训》更说:"昔者仓颉作书,而天雨粟,鬼夜哭。"汉字起源于图画说在今天已经得到越来越多的文字学家的认同。这种观点认为,汉字是在结绳、图形文字之后发展起来的,即是从"古者无文字。其有约誓之事,事大大其绳,事小小其绳,结之多少,随物众寡,各执相考,亦足以相治也"(李鼎祚《周易集解》引《九家易》),到"故文字之兴;必欲凿言之,则只可云与图画同科耳","然则文字图画之兴,皆不外取象自然之文以为识,二者孰能别其先后?然见物而知像其形,与虽欲像其形,而知少简略之,仅存其意,固当略有早晚,则以图画为兄,文字为弟可也"。① 汉字由结绳而图画之后可能经过"仓颉"那样的史官的整理,所以,汉字不源于八卦卦爻符号,也不源于迷信传说的"河洛出图",而是源于结绳后的图画文字。

溯造字之源,人类本是从实践中对客观事物有了表象的认识,经过类比思维的过程,"照葫芦画瓢"般地把客观事物描画下来,这可以说是人类最为素朴的思维样式。从文字学的发生发展历史中我们知道,不论是发生到今天的表音体系的拼音文字,还是发展到今天依然是表意体系的"拼表"文字,都在文字之头,造字之始,经历过漫长的象形文

---

① 吕思勉:《文字学四种》,上海教育出版社1985年版。

字阶段,但象形文字(它是从图画文字发展来的,图画文字又来源于原始图画。看图以知其意,在技术和作用上,图画文字与原始图画一脉相承。记录事情,表情达意,二者是共通的,所不同的是前者是作为交际工具而后者则是艺术),本身不能构成一个完整的文字体系,它还简单素朴,还不能满足人们丰富多彩的语言交际实际的需要。随着人类思维的不断发展,象形文字愈加力不从心。在"趋简"与"求别"、"简约"与"精细"两条规律的要求制约下,书写上要更加简便,结构形体上要力避混淆,二者既是对立的,又是统一的,辩证发展的结果便是有了假借文字的出现。假借字力求摆脱象意的特点,而向表音方向发展,这也符合世界各国文字发展的历史。但由于汉字中的假借字是完整地不改变原来字形的借用,实际上只是借形、借音而不借意,仍然没有脱离原来汉字的形、意、音,使原来纯粹的表意文字变成了一个纯粹的表音符号。"视之不必是其字,而言之则其声也;闻之足以相喻,用之可以不尽。"① 但这又在一定程度上阻碍了汉字从表意向表音的发展,因为假借字多了,同形同音字增多,记录语言和对汉字的识记都会带来很多困难,容易使人混淆。由于这个致命的弱点,即使假借字是汉字朝表音方向发展的动力,也终究未能使汉字成为表音体系的文字,相反倒成就了汉字成为语素音节文字、既表音又表意的一种文字。

假借字在汉字系统里曾经非常辉煌,在甲骨卜辞里运用的频率极高。据有的学者对 1156 个形、音、义可以确定的甲骨文分类,假借字就有 129 个,占总数的 11.2%。吉林大学中文系的李玉洁同志在《从甲骨文到假借字看汉字的性质》一文里对《殷契粹编》作了统计,统计结果:"全书共用字 20856 个,假借字数为 12701 个,占总字数的

---

① 孙冶让:《与王子壮论假借书》,载《松辽学刊》,1990 年第 3 期。

61%。"① 有时甚至整个一句话都是使用了假借字。假借字解决了用象形写词法所无法解决的问题，即解决了写那些无形可写的词的书写问题。"从而使蕴毓在图画文字中的写词因素爆发了革命，质变而成为记录语言的词的书写形式，确立了形象写词法及其写言记词的文字体系，开始结束了图画文字，创建了原始的先秦文字。"② 假借字是先秦文字体系的组成部分，包括以后发展起来的形声字更是先秦文字体系极为重要的组成部分。这似乎体现了汉字的表音化趋势，但这种表音与拼音文字的有形无义的字母完全不同，假借字无论如何怎样假借，总是无法脱离这个字的原始象形的表意性质。所以，纯粹为了表音的假借字同一半记音一半记意（有时候记音的部分也表意，参王圣美的右文说）的形声字一样，总也无法脱离象形文字的"观物取象"的表意性质。

　　汉字造字之始，"古者包牺氏之王天下也，仰则观象于天，俯则观法于地，观鸟兽之文与地之宜，近取诸身，远取诸物，于是始作八卦，以通神明之德，以类万物之情"（《周易·系辞传》）。伏羲造字，固不可信，但汉人类造字之始，却确是从"画成其物"开始的。原始人类的很多美术作品并不是绘画，而是表情达意的工具。"严格地说，他们的表现艺术不过是粗糙的象形文字，这些人没有高超的绘画技巧，他们所画的马、人、水牛和帐篷等仅是为了记录生活中的某些事件。这些形象毫无价值，同他们所装饰的物品也毫无关系，唯一的目的是表现。严格地说，这些不是艺术，从其形象的性质及用途来看，可以肯定作者没有表现艺术的兴趣。这个论断也适用于古代墨西哥人的绘画，墨西哥人的绘画比起他们的雕刻价值要稍逊一筹，因为绘制者的目的主要在于表

---

① 王凤阳：《汉字学》，吉林文史出版社1989年版。
② 孙常叙：《先秦文字的性质》，见《古文字研究》第10辑，中华书局1983年版。

达思想，而不在于创造艺术。"①

闻一多先生指出："一切文字，在最初都是象形的，换言之，都是绘画式的。反之，任何绘画都代表着一种事物，因此也便具有文字的性质。"但"字自始就不是如同绘画的那样一种东西，所以能不受拘牵地发展到那种超然的境界"②。从汉字造字的过程来看，集中体现了类比的特征，而这种类比特征又是通过"象征"来实现的。"象"在中国古代先哲的思维中具有特别重要的地位，有"天象""脉象""脏象"，到了现代则有"想象""表象""意象""印象""抽象""形象"等，不一而足。韩非子在《解老》篇中对古人何以那么重视"象"进行了解释："人希见生象也，而得死象之骨，案图以想其生也。故诸人之意想者，皆谓之象也。"其实，早在《周易》中就给什么是"象"作了解释："夫象，圣人有以见天下之赜，而拟诸其形容，象其物宜，是故谓之象。"并对古人为什么立象作了解释："子曰：书不尽言，言不尽意，然则圣人之意其不可见乎？子曰：圣人立象以尽意，设卦以尽情伪，系辞焉以尽其言。"（《易·系辞》）在中国古代对"象"的阐释最为精彩的莫过于魏晋时期的王弼了。王弼在《周易略例·明象》中指出："夫象者，出意者也，言者，明象者也。尽意莫若象，尽象莫若言。言生于象，故可寻言以观象；象生于意，故可寻象以观意。言以象尽，象以言著。故言者，所以明象，得象而忘言。象者，所以存意，得意而忘象，犹蹄者所以在兔，得兔而忘蹄；筌者所以在鱼，得鱼而忘筌也。然而，言者，象之蹄也；象者，意之筌也。是故，存言者，非得象者也；存象者，非得意者也。象生于意而存象焉，则所存者乃非其象也；言生于象而存言焉，则所存者乃非其言也。然则，忘象者乃得意者也。"不管这

---

① ［美］弗朗兹·博厄斯：《原始艺术》，金辉译，上海文艺出版社1989年版。
② 闻一多：《字与画》，载《江海学刊》，1984年第6期。

里把言、象、意解释得多么深奥玄妙，我们可以这样去理解，把"象"简单地理解成汉字的象征意义，甚或就是汉字本身。张汝伦在《文化的语言视界》的代序中也认为汉字结构具有"它是象征的，即使是最早的象形文字，也不是它们要表达的事物的真实摹画，而是一种象征"的特点。这种象征由于把"意"同客观事物自身直接联系起来，给人的印象是深刻而又切身的，因为这种造字始终体视了由人的感官出发的特点，体现了人本精神。正如姜亮夫先生所指出的那样："整个汉字精神，是从人（更确切一点说，是人的身体全部）出发的，一切物质的存在，是从人的眼所见、耳所闻、手所触、鼻所嗅、舌所尝出的（而尤以'见'为重要）。故……表闻以耳（听、闻、聪等），表高为上视、表低以下视，画一个物也以人所感受的大小轻重为判，牛羊虎以头，人所易知也，龙凤最祥，人所崇敬也，总之，它是从人看事物：从人的官能看事物。"① 汉字的象形性、表意性一下子把人和世界拉近，从而形成了中国人看待世界的"天人合一"的整体思维特征。

汉字的造字过程体现了由物到"物"的过程，体现了中国先民造字过程的类比思维特征。尽管类比的思维是人类最早的思维样式，原始人类首先从自身与周围环境的关系类比开始，逐渐认识了自己的环境和自身的地位，所谓由"零打碎敲"方式而构成的图腾崇拜只不过是原始人类类比的具体表现而已。② 但并不能就由此说汉字是原始的图形文字，更不能够说汉文字是低级文字的范本。反观汉字的历史：从殷商的甲骨文到金文到篆到隶到楷，汉字几乎没有太多太大的变化。尽管繁简

---

① 姜亮夫：《古文字学》，浙江人民出版社1984年版。
② 零打碎敲：指的是所谓"原始人"没有文化，没有艺术的思想赖以对周围世界作出的反应手段。见［英］斯特伦·霍克斯：《结构主义和符号学》，瞿铁鹏译，上海译文出版社1987年版。

有别，但其形体本质没有分殊。汉字系统的优越，就在于它几千年前就如此的成熟。中国人得益于这种在几千年前就已非常成熟的文字，依靠既成的科学的汉字世界作为工具去认识客观世界。正如德里达所说的那样："（在汉字文化中）可以找到逻格斯中心论以外发展着的强大文明的证据。这是对西方中心论的有力驳斥。"①

中国古代先人创造了极富图画般的方块汉字，中国的后人也就运用这"象征性""人文性""类比性"特征显著的汉字系统去认识世界，理解世界，解读世界。"古人往往直接通过字形的分析解释定义，以此表达深湛的思想，如'止戈为武'（《左传·宣公十二年》），'古者仓颉之作书也，自环者谓之私，背私谓之公'（《韩非子》），'仁者，人也'（《礼记·表论》），'政者，正也'（《论语·颜渊》），'兑者，说（悦）也'（《易·序卦》），等等。汉字如何直接影响和形成了中国人的思维方式和特征，于此可见一斑。"②

文字是人类智慧的结晶，汉字是中华民族智慧的硕果。几千年的汉文化是用由"观鸟兽之文与地之宜"而创造的汉字写成的。这个创造文字的过程，实际是一种假说创造的过程。我们仿佛看到了这样的情景：我们的先人说，让我们从鸟兽之文和地之宜中创造汉字吧，鸟兽之文可以使我们区别不同的动物，那么创造的汉字也一定能"通神明之德"，"类万物之情"。今天，事实已经证明了这个假说是"证实"了。这种由科学假说而结的硕果，作为表达中国人思维的工具，必然影响中国人的思维样式，从而使得思维与汉字同构，很多的研究者都认识到中国人的类比思维发达，究其原因，汉字不能辞其"咎"。汉字的这种类比思维特征如膏似血般地浸透在中华民族文化的周身。

---

① 转引自申小龙：《论汉语汉字的特点》，载《孝感师专学报》，1997年第4期。
② 申小龙、张汝伦主编：《文化的语言视界》，上海三联书店1991年版，代序。

从汉字的造字我们看到了从物到"物"的类比过程，从运用汉字去思维，去认识世界，我们又仿佛看到了从"物"到物的又一次类比过程。这个过程有形体类比过程，就是直接借用汉字的形体结构特点进行类比，给人的视觉以更加形象的感觉。例如："人字梁""工字板""回形针""十字路口""丁字路"等，不一而足；也有意义类比过程，就是借用汉字的形体与其自身的意义之间的关系进行类比，给人以丰富的联想和回味无穷的意蕴。例如"福"倒、双"喜"，等等。运用汉字形体结构而具有的语用特征，如苏东坡的诗作"长亭短景无人画，老大横拖瘦竹筇。回首断云斜日暮，曲江倒蘸侧山峰"所用的神智体，再比如一豆芽店的门联竟用了这样的上下联："长长长长长长长，长长长长长长长。"其他至于"析字"（像"二人土上坐""一月日边明"等）、"回文诗""字阵"等无不是意义类比过程的体现。也还有结合声音与意义之间的关系进行的类比，这种类比就是借同音字的音同而类比另一个字的意义，从而实现既借音又借义的类比过程。例如歇后语（石碌上山实打实［石］），修辞格上的双关（我失骄杨君失柳，杨柳轻扬直上重霄九），谐音"鹿"与"禄"、"棺材"与"官财"、"翻鱼"与"翻船"，等等。从造字物"物"过程，到解读汉字的"物"物过程，是两个既相互区别又紧密联系的辩证过程。这两个过程多像是从实践到认识再实践的过程，又多像是从感性认识上升到理性认识，再到感性认识的过程。创造汉字是一种发明创造，使用汉字也是一种发明创造，甚至是一种质的飞跃，化而为文便是如吐珠玑，铺锦缀绣，嬉笑怒骂，皆成文章。

齐人见田骈曰："闻先生高议，设为不宦，而愿为役。"田骈曰："子何闻之？"对曰："臣闻之邻人之女。"田骈曰："何谓也？"

对曰:"臣邻人之女,设为不嫁,行年三十,而有七子。不嫁则不嫁,然嫁过毕矣!今先生设为不宦,訾养千钟,徒百人,不宦则然矣,然富过毕也。"田子辞。(《战国策·齐策四》卷十一)

曰:"然则王之所大欲可知已;欲辟土地,朝秦、楚,莅中国,而抚四夷也。以若所为,求若所欲,犹缘木而求鱼也。"

王曰:"若是其甚与?"

曰:"殆有甚焉。缘木求鱼,虽不得鱼,无后灾;以若所为,求若所欲,尽心力而为之,必有后灾。"(《孟子·梁惠王上》)

就汉文化来说,修辞学上有所谓比喻的辞格(明喻、暗喻、借喻),词汇学上有所谓比喻义,文章学上有所谓"比"的手法(与"赋""兴"同为《诗经》的三大表现手法),在推理过程中,有所谓侔、譬、援、推等推理形式,等等。皎然《诗式》说"取象曰比",以"象"为特征的汉字系统,自然与这些"比"有着深刻的渊源关系,于此也可以说明汉字对中国人的思维样式的影响,于此也可见汉字对中国人的推理类型的选择的影响,由此也可见汉字对整个中国古代逻辑理论和思想的影响。

第四章 "是"与"to be"

汉语中的"是"字和西方语言中的系词"to be",是很多研究者关注的问题,这个问题不仅对中西逻辑学研究具有启迪作用,对中西哲学的比较研究也具有非常重要的启发和导引作用。但是对该问题的研究应该实事求是,避免无中生有或者视事实而不顾,要看到"是"与"to be"在中西逻辑学研究和哲学研究中的共同影响和特殊的作用。

哲学研究和逻辑学关注"to be"的问题,特别是对"是"与"to be"的比较研究。这种研究导致了研究中的缠绕不清:把两个不同境界、不同文化背景、不同语言系统的具有不同哲学传统的"是"与"to be"进行求同研究。西方哲学传统中没有区分"Being"与"Beings"导致西方众多的哲学家不断追问什么是"to be","然而,为什么海德格尔要强去说在、强去追问在呢?理由只能是,西语中的'在(是)'一词包含'是'的因素,而'是'只是语言的逻辑界限,这个界限本身还在非逻辑语言可说的范围之内,所以海德格尔才会认为'在'是可说的、可追问的。这完全是因为'是'与'在'在西语中的混淆不分所造成的。这种局限海德格尔是无法超越的。正是因为这种局限西方人才创造了本体论"①。如果不把"to be"与"是"区分清楚必然导致缠绕不清，陷入无法自拔的境地。

　　诸多学者在相关文章中对"是"与"to be"的研究或者是把"是"当成"to be"来研究，或者是把"to be"当作"是"来研究，或者"是"与"to be"相互掺杂，你中有我，我中有你，使本已很难分清的问题更加难以确定。至于汉语的"是"就是西语的"to be"，不仅"是"有"断真"的意义，还同"to be"一样具有"本真"和"存在者"的意义，西语的"to be"具有系词功能，那么汉语的"是"自然也就有了判断词的功能了。这些研究，融合了中西语言，融合了中西哲学，确实避免了语言哲学对"to be"的研究的两张皮的问题，避免了"仅仅依据其关于英语的知识来作出关于一切语言的论断"② 的语言哲学研究的片面性。但是，由于学科的特点，或者由于其他的原因，这种研究不禁使人想起多少年前的林语堂先生，林先生"对外国人讲中国文化，对中国人讲外国文化"的妙语不知是否是这种研究的写照。有的学者已不无警醒地意识到如此这般研究的危险："我主张应该以'是'来翻译'to be'，用'真'来翻译'truth'，并不是认为这样的翻译就没有任何问题。我反对以'存在'来翻译'to be'……在我看来，无论主张什么或反对什么，都应该从西方哲学出发。而从这一点出发，我们应该时时刻刻意识到不同语言和思想之间的差异，意识到由不同语言和思想之间的差异所造成的历史和文化之间的差异……einai、esse、to be、Sein、être 等词的系词作用虽然只有语法意义，而没有语义含义，却是西方语言中最主要的一种用法。……所以我们在研究和理解 to on 这个本体论问题的时候，绝不能忽略与之相关的这种学科意义上

---

① 张志伟：《是与在》，中国社会科学出版社 2001 年版。
② ［美］A. P. 马蒂尼奇：《语言哲学》，牟博等译，商务印书馆 1998 年版，序言。

的内容。忽视这样的内容,大概是要出问题的。"① 在西方语言中,"einai、esse、to be、Sein、être"等的主要用法是系词,这种系词和汉语中的判断词"是"不尽相同,它们主要是体现了一种句法作用,它联结主语或表语,而自身没有意义,也就是说,含有系词的句子的主要意思是通过由系词联结的主语和谓语或表语体现的。而这正是海德格尔从哲学的角度出发认为传统语言学是"外在的句子理论"的原因,把"'是'降格,弄成为'系词'"②。但西方的哲学家正是"通过词形变化,作为系词的'是'可以以名词、动名词、不定式等形式出现,从而成为哲学讨论的对象"③。我们知道,"to be"在西方语言中仅仅具有语法意义,而不具有语义意义。在西方语言中"S 是 P"这样一种语言形式是一种最为基本的语言形式,"to be"联结主语和表语,这是由西方语言的性质所决定的。以古希腊语言为例,正如王路先生对"最为基本的形式"的解释那样:"这里有三点最为重要。第一,古希腊语中有这样一个'是'。第二,'是'是句子中最基本的稳定的语言要素。第三,'是'是普遍适用的词。"④

第一节 "是"与"to be"与中西逻辑理论与思想

我们知道,西方哲学对"是"的研究是非常重视的。在西方哲学

---

① 王路:《如何理解形而上学》,载《哲学研究》,2003 年第 6 期。
② 肖娅曼:《"是"的形而上之谜》,载《哲学动态》,2003 年第 2 期。
③ 王路:《如何理解形而上学》,载《哲学研究》,2003 年第 6 期。
④ 王路:《"是"的逻辑研究》,载《哲学研究》,1992 年第 3 期。

史中，可以毫不夸张地说全部哲学范畴中没有任何一个范畴能比一个"to be"的范畴更为重要的了，因为它是自古希腊以来西方形而上学核心范畴的语言形式，以至于从某种意义上可以说，一部西方哲学史，就是对 being 意义的探索史。在西方语言中，系词"to be"的作用非常明显，以至于任何一位哲学家都不能绕过它。亚里士多德曾说过："有一门学术，它研究'实是之所以为实是'，以及'实是由于本性所应有的禀赋'。"① 亚氏所说的学术就是形而上学，它研究的"实是"就是"是"，即源自于系词的"是"（to be），即研究"是之所以为是的（to be 之所以为 to be）"。"是之所以为是"是对"是"（to be）的彻底追问，是对本体的探索。而对"是"（to be）的彻底追问在亚里士多德那里不是从单单的"to be"开始，而是源于对逻辑命题"S 是 P"的分析，所谓"一事物被称为'是'，含义甚多，但所有'正是'就关系到一个中心点，一个确定的事物，这所谓'是'全不模糊"。② 这个被关涉到的中心点，被确定的事物或中心点就是"本体"。由于对系词"是"（to be）的分析，归根到底确定到"S 是 P"的"S"上，便成了本体，这本体又成为亚里士多德哲学研究的实体，而他的实体学说又成为他的哲学基本理论。由此看来，"to be"之成为本体是与"S"密切相关的，没有"S"，便无法实现对"to be"的追问，或者说对"to be"的追问便无处落根。

就逻辑学上说，基于对"S 是 P"这样逻辑命题的分析，便产生亚里士多德式的形式逻辑。肖尔兹在《简明逻辑史》中指出："亚里士多德的逻辑，或者更确切地说，由亚里士多德奠定基础的逻辑，就其仅仅

---

① ［古希腊］亚里士多德：《形而上学》，吴寿彭译，商务印书馆 1991 年版。
② ［古希腊］亚里士多德：《形而上学》，吴寿彭译，商务印书馆 1991 年版。

涉及形式，或更严格地说仅仅涉及完善的形式来说，是一种形式逻辑。"① 因此，古希腊语言中的"系词"对于亚里士多德引申出形式逻辑具有非常重要的意义。这一点法国学者本维尼斯特的研究也可作为有力的证据。1958年，本维尼斯特发表了题为《思想的范畴与语言的范畴》一文，他把亚里士多德《范畴篇》中的十个范畴（即实体、数量、性质、关系、地点、时间、姿态、状况、活动和遭受）与古希腊语中的语法范畴进行了逐一比较，结果发现亚里士多德的思想范畴与希腊语的语言范畴惊人地圆满吻合。这表明亚里士多德的逻辑思想来源于对语言的研究。因此，对象语言的特征、元语言的特征在一定程度上决定了研究的成果，注定了因这样研究而产生的科学的命运和发展的轨迹。正如张志伟先生所说的那样："而对于逻辑学意义上的逻辑来说，语言中直到出现了系词'是'才可能充当具有形式意义的逻辑联结词，在日常语言中纯形式地使思想通过语言保持抽象同一性。……由此可见，系词'是'对于形式化的逻辑是至关重要的。如果希腊语言中没有系词'是'，亚里士多德逻辑就无从建立。正因为古代汉语中没有系词'是'，所以中国古人始终没能建立起真正具有纯形式性的逻辑体系。"② 亚里士多德是直接结合语言、语法来研究命题或判断的，必须通过语言的形式才能发现语言形式所表现的思想方面及其相应的逻辑形式。亚里士多德没有把系词明确地看作是判断的一个组成部分，正说明了古代希腊语言中系词仅只具有语法意义，而不具有语义含义。王路先生曾指出："亚里士多德是逻辑的创始人，他针对古希腊辩论中的问题，想提供一套行之有效的方法，以保证推理的必然性，从而形成了四谓词理论，而这个理论是围绕着'是'展开研究的，因此可以说，逻

---

① ［德］肖尔兹：《简明逻辑史》，杨一之译，商务印书馆1977年版。
② 张志伟：《是与在》，中国社会科学出版社2001年版。

辑学的形成和发展是从'是'的研究开始的。"①

与西方语言里的系词情况大相径庭，在上古汉语里不存在系词"是"，上古汉语中的判断句是由"者……，……也"的结构形式及其变式来承担的。王力先生在《汉语史稿》（中册）说："就汉语来说，真正的系词只有'是'字。……在现代汉语里，判断句以用系词为常。在上古汉语里，情况正相反。句式不需要系词的帮助就可以构成判断。"② 说得明白一点，就是上古汉语没有系词，也用不着系词。虽然上古汉语里没有系词"是"，但在上古汉语表达判断的句式是存在的。但当我们仔细翻检先秦文献时，就会发现，在上古汉语里很少存在西方语言学意义上的系表结构，倒更多的是一些近似比喻或者表示原因、解释、列举的关系，较少存在类与类之间的外延关系，一如先秦的类与西方逻辑学的类不尽相同一样，诸如"仲尼，日月也"（《论语》），"良庖岁更刀，割也。族庖月更刀，折也"（《庄子》），"庠者，养也；校者，教也；序者，射也"（《孟子·滕文公》），"君子之德风，小人之德草"（《论语》），"虎者，戾虫；人者，甘饵"（《战国策》）等，不一而足。

严格意义上的系表结构的匮乏，导致先秦的先哲们对属概念和种概念的认识并不深刻，至少是没有更多地把这些"类"与"类"之间的关系看成是上下位关系。在亚里士多德那里，所有概念都能从最高类（属）到个体，按属种的层次、顺序排列。下位概念成为其正上位概念的"谓词"，上位概念成为其正下位概念的主词。由于先秦的先哲们过分地看重了类概念中的"相似"特征，因而没有向属概念、种概念关

---

① 王路：《"是"的逻辑研究》，载《哲学研究》，1992 年第 3 期。
② 王力：《汉语史稿》（中册），中华书局 1980 年版。

系进一步渗透。①

语言系表结构匮乏,"以古汉语为载体的命题'兼异实之名以论一意'也不具有希腊逻辑的主谓结构"②,因此,"古代汉语中没有'是'作系动词,因此,逻辑学没能对'是'进行逻辑分析,也就没有形成相应的逻辑理论"③。

胡适先生在他的《先秦名学史》中把西方具有系词的命题同不存在系词的上古汉语命题进行了简单对比,认为"苏格拉底是一个人"同"苏格拉底,人也"是同样的结构形式,并认为"在西方逻辑中围绕系词发生出来的一切神秘的晕就这样被消除了"。他还在注中引用了霍布斯的话作为佐证:"但是有些时候,或者说肯定有些民族没有和我们的动词'is'相当的字。但他们只用一个名字放在另一个名字后面来构成命题,比如不说'人是一种有生命的动物',而说'人,一种有生命的动物';因为这些名字的这种次序可以充分显示它们的关系;它们在哲学中是这样恰当、有用,就好像它们是用动词'is'联结了一样。"④ 胡适先生的这种理解,就把两种很不相同的语言现象简单化了,俗话说,真理和谬误只有一步之差,有没有系词,看起来似乎大差不离,其实却大相径庭。系词的有无对一个民族的思维活动具有重要的影响。由于上古汉语中没有系词"是"联结两个名词,就很容易发展出关于"侔"式的推论:

---

① 先秦诸子的类概念更多的是表达两件事或两个行为之间的相似,而不仅仅是对概念外延的划分。
② 尚志英:《中西逻辑在命题和推理方面的学术差异》,见《现代逻辑与逻辑比较研究》,开明出版社1992年版。
③ 王路:《"是"的逻辑研究》,载《哲学研究》,1992年第3期。
④ 胡适:《先秦名学史》,学林出版社1983年版。

白马，马也；乘白马，乘马也。
狗，犬也；杀狗，杀犬也。
弟，美人也；爱弟，爱美人也。

这种侔式推理与附性法推理不同，附性法推理是在一个性质判断中，对主项和谓项都附加一个属性。由于先秦汉语中系词的缺乏，发展引申的侔式推理就不仅仅局限于附加属性，而可以附加动词等概念。由此我们可以看到上古汉语由于系词的缺乏最容易发展出与"侔式推理"相关的其他非形式的推理形式，从而导致墨家辩学在本质上具有非形式逻辑的特征。

有还是没有系词，有时候使得一个命题表达的含义是不一样的，例如王路先生对"事物是相互联系的"进行分析，认为至少包含如下几个方面的含义：

A. 对任何事物 x，x 与自身相联系。
B. 至少有一个事物 x，x 与自身相联系。
C. 对任何事物 x，对任何事物 y，x 与 y 相联系。
D. 对任何事物 x，至少有一个事物 y，x 与 y 相联系。
E. 至少有一个事物 x，至少有一个事物 y，x 与 y 相联系。
F. 至少有一个事物 x，对任何事物 y，x 与 y 相联系。

由系词构成的命题具有如此复杂的含义，上古汉语的"x 者，y 也"结构很难表达这样丰富的思想。

中国古代不存在和西方语言一样的对象语言，也就是说，汉语中根本不存在一个与"to be"相同的系词，因此，也就没有"S 是 P"这样的语言形式。没有相同的对象进行研究，无论如何也很难得出相同的结论，这就是我们看到在中国哲学的传统里为什么没有对"是"的千淘万漉式的追问，因为"是"在古代汉语里"人微言轻"，无关痛痒。古代汉语里的"是"同西方语言里的"to be"作为语言的基本形式，"to be"与每一个词相关联的情况完全不同。在古代汉语里，"是"不是语言的基本形式，也不是稳定的语言因素，更不用说与每一个词都相关联了。另外，中国古代的哲学传统走的不是语言分析、语法探究的路径。中国的形而上学的形成不是建立在对思维中逻辑命题分析的基础之上，也不是肇始于对语言的分析，而是形成于人的感觉。这是一种非语言的、非逻辑的传统，可以"得鱼忘筌，得意忘言"。这就是中国古代为什么没有产生亚里士多德式的逻辑学说的原因，也是为什么中国古代训诂学发达而语法学不发达的原因。张东荪先生说得好："逻辑甲（指传统逻辑）的特性，就我所见，是在于整理言语。于此，逻辑与言语可以说是一而二，是二而一。就其是一而言，逻辑虽是言语中所表现的普遍理法，然而这个理法却必须宿于言语中。不但离了言语，便无处觅此理法，并且此理法在实际上是跟着言语的构造而生。"①

　　从语言发展的实际情况来看，"是"充当汉语的判断词确实有一个演化的过程，不管我们的研究能把作为判断词"是"的出现推前到什么程度，它作为判断词的功能绝不是与生俱来的。古代汉语的"是"没有像西方语言中的"to be"那样一身蹚过了哲学、语言学和逻辑学三条大河。而汉语的"是"没有成为中国哲学的研究对象，也没有成为中国古代名辩学的研究对象，它仅在语言的家园里产生、发展乃至壮大。我们无论如何也不要混淆了这样的界限。本书认为，汉语中的

---

① 张汝伦主编：《理性与良知——张东荪文选》，上海远东出版社1995年版。

"是"由不具有判断词的性质到成为判断词的最主要承担者是汉语在不断演化过程中句式结构的不断自我调整的结果,而这种调整对中国逻辑的发生和发展具有十分重要的影响。

第二节 "是"与"to be"与中西哲学

从西方哲学发展的历史中我们可以知道,"to be"所具有"断真""本真"和"存在者"并不是同时产生的。它首先是具有作为语言学意义的"断真"意义的,正如前述,它是古希腊语言中所普遍存在的,是在希腊语言中的一种基本形式。而它的作为哲学形而上学的意义的"本真"则是发源于对"to be"的研究,这是两个不同的语言层次。作为语言学意义的"to be"是元语言,而作为形而上学意义的"to be"则是对象语言。元语言和对象语言无论如何不能混淆,否则要出大问题的。亚里士多德曾说过:"有一门学术,它研究'实是之所以为实是',以及'实是由于本性所应有的禀赋'。"① 亚氏所说的学术就是形而上学,它研究的"实是"就是"是",即源自于系词的"是"(to be),即研究"是之所以为是的"(to be 之所以为 to be)。"是之所以为是"是对"是"(to be)的彻底追问,是对本体的探索。而对"是"(to be)的彻底追问在亚里士多德那里不是从单单的"to be"开始,而是源于对逻辑命题"S 是 P"的分析,所谓"一事物被称为'是',含义甚多,但所有'正是'就关涉到一个中心点,一个确定的事物,这所

---

① [古希腊]亚里士多德:《形而上学》,吴寿彭译,商务印书馆1991年版。

谓'是'全不模糊"①。这个被关涉到的中心点，被确定的事物或中心点就是"本体"，也就是"本真"。由于对"是"（to be）的分析，归根到底确定到"S 是 P"的"S"上，这就是所谓的本体，这本体又成为亚里士多德哲学研究的实体，而他的实体说又成为他的哲学的基本理论。② 由此看来，"to be"之成为本体是与"S"密切相关的，没有"S"，便无法实现对"to be"的追问，或者说对"to be"的追问便无处落根。这也就使我们不难理解为什么西方哲学家、语言学家拼命强调语言的重要性。沃尔夫倡导一切科学都从语言开始，而以语言结束，尼采则更为激进，认为一切开始于语言，上帝也好，理念也好，都不过是一个语词。也正因为如此，西方哲学上也才有语言学转向的问题。

"是"（to be）的这种本体意义只有联系语言时才便于理解。福柯认为，动词"是"（to be）之所以盘踞在语言的边界上，既是由于它是词之间的最初联系，又是由于它有着根本性的肯定力量。这种"词之间的最初联系"，意味着"是"这个动词与语言中的每一个词都相关联，而这种相关联又正是通过系词之"是"（to be）与宾词"什么"的关系来实现的。而根本性的肯定力量则又是指"是"这种行为与每个事物都相关联，即福柯所说的："没有这个词，事物都将沉默"③。

至于"to be"所具有的"存在""存在者"的意义则更晚产生，它是亚里士多德以后的哲学家对"to be"进行不断追问、孜孜以求的结果。"实际上，亚里士多德没有使用'存在'概念，他的讨论围绕'是'来进行，形成的理论和产生的结果与后来有了存在概念不是有很大区别吗？中世纪引入了'存在'一词，因而开始探讨存在，形成的

---

① ［古希腊］亚里士多德：《形而上学》，吴寿彭译，商务印书馆1991年版。
② 宁新昌：《中西形而上学的异通发微》，载《孔子研究》，2003年第1期。
③ 萧诗美：《论"是"的本体意义》，载《哲学研究》，2003年第6期。

理论和产生的结果与亚里士多德的论述不是也有很大不同吗?"① 如果忽视亚里士多德的本体论与后世存在论之间所具有的相同和相异,无疑会对西方哲学发展的史实视而不见,也就不能从根本上理解"本体""存在""存在者"。

与此相反,"是"在中国哲学传统里没有走进形而上学的殿堂,甚至可以说连一个哲学范畴或概念也不是,西方哲学传统带有一种强烈的征服观念,强调人与自然的对立,自然引申出本体、客体等哲学范畴来。而中国哲学的传统则强调天人合一,主张人与自然的和谐发展。中国哲学里有很多范畴,诸如:"阴""阳""有""无""道""理""气",等等,可就是没有像西方哲学传统里那样创造出"存在""本体"的范畴来。"是"在中国古代的哲学里既没有成为西方哲学传统里类似"to be"那样的范畴,也没能在本土哲学中成为一种范畴或概念。今天,我们汉语成语里有一个"实事求是"的成语,尽管今天我们解释"是"为客观规律,但它不是中国传统哲学里的道,与"道"不可同日而语,称"是"为规律只是现代人对它的活用,而不是因为"是"原本有规律或"道"的意义。道家的"道"是世界的本体,其之所以是本体是源于它的本源性、绝对性和不可界说性,即"道生一,一生二,二生三,三生万物"。黑格尔用绝对理念去套老子的"道":"理性产生了一,一产生了二,二产生了三,三产生了整个世界。"② 这显然是对道的曲解。那么以"是"去解释道呢?"实事求是"这个成语最早见于《汉书·河间献王刘德传》:"河间献王德以孝景前二年立,修学好古,实事求是,从民得善书,必为好写与之,留其真。"它原指真诚地依据事实以探求古书的真义。所以颜师古注云:"务得事实,每求真

---

① 王路:《如何理解形而上学》,载《哲学研究》,2003 年第 6 期。
② [德] 黑格尔:《哲学史讲演录》第 3 卷,贺麟、王太庆译,商务印书馆 1959 年版。

是也。真，正也。留其正本。"① 这里的"是"显然不能从哲学范畴上加以理解。这种用法一直沿用到清代，梁启超《论中国学术思想变迁之大势》中的"本朝学者以实事求是为学鹄，颇饶有科学的精神"就是在古义的基础上使用的。由此可见，"是"不是"道"，也不是中国哲学传统里的范畴。

第三节 余论

中国古人在没有系词的汉语特征的基础上盘旋发展了中国名辩学体系，我们应当继承这份宝贵的文化遗产。中西语言在判断词和系词之间的不同而导致的逻辑学和哲学的不同，是中西哲学和逻辑学的幸事，正如西方学者欧内斯特·范罗诺萨在《汉字作为诗歌媒介的特征》一文中对汉语给予了力所能及和令人极为信服的褒扬那样。范氏认为，汉语在其自身发展中，由于其象形文字具有贴近"自然"的特殊"及物性"，而这种结构方式先后相继，从未中断，"葆有原始的活气"。而且，他认为自西方发明了逻辑以后，由于中世纪逻辑学的统治，英语也渐渐丧失了印欧语系源头——梵语那种类似汉语的特征，从而造成了很多恶果。其表现之一就是把活的语言变成死的思想。逻辑学家不肯直接地思想，比如说"人跑"，要为此生造出两个主体方程式陈述中的个体被包含在"人"这个门类，"人"这个门类又被包含在"奔跑的事物"这个门类。范氏进一步认为，在西方哲学中最为重要的、居于语言金字塔顶的系词更加要不得，系词"is"完全可以消灭，因为有了这个系

---

① 刘万国、侯文富主编：《中华成语辞海》，吉林大学出版社1994年版。

词，语言中动词所表现出来的贴近自然的生动活力以及自然语言中的优先地位就被严重遏制了，主张拆除人为加在系词之上的种种语法枷锁，还其本来面目。还系词以本来面目，则罩在系词上面的种种神秘的晕随风而散。其表现之二就是与逻辑在哲学中的优先地位相呼应，由于逻辑的强制力的作用，违反自然形态的"句子"主宰了一切。只要符合语法，再怎么荒唐的话在英语里都是允许的。

而汉语是一种自然状态的语言，根源就在于汉语的动词性，而不是系词性。自然状态的语言无须"语法"，也无须盘旋出"形式逻辑"，也不可能盘旋出"形式逻辑"。本书寄希望抓住汉语的最本质的东西，正如郭绍虞先生所指出的那样，汉语精神的重心不单在句法，更在字词本身的形式藻采和组句功能。周汝昌先生认为这是汉语天生的"文言性"，依据这种汉语最为本质的特征重写汉语，实现汉语重写的否定之否定，并以此为契机，建立中国名辩学的逻辑新体系。

第五章 "不"的逻辑意义

汉语中有一个重要的否定词"不"。作为否定副词，它通常用在动词、形容词或名词谓语之前，表示否定，用在句末表示疑问，也含有否定。但从逻辑学的角度讲，"不"的意义可以从命题的否定中就其否定范围和否定焦点加以分析。

沈开木先生在《"不"的否定范围和否定中心的探索》一文中指出："一般地说，'不'字的否定范围在'不'字后面，常常是从'不'字后面的那个词开始，到动词的宾语止。即是说管到逻辑宾语为止。""当逻辑宾语以副动词（介词）的宾语的姿态出现的时候，'不'字的否定范围便管到副动词的宾语。""当用了'不'字便戛然而止的时候，'不'字的否定范围只能从'不'字前面的话语中去寻找；当'不'字后面有说明部分的时候，'不'的否定范围要联系前面的话语和明说部分去寻找，但是由于明说部分很重要，所以往往可以只从明说部分去寻找。"关于否定中心，沈开木先生是这样论述的："'不'字的否定中心有两种类型。"一种是"非对比性的"，一种是"对比性的"，二者共有如下几种表现："1. 非助动词的状语紧挨在'不'字后面时是否定中心。""2. 非助动词的状语被助动词把它跟'不'字隔开时，也还是否定中心。""3. 在没有上述非助动词否定中心的条件下，定语是否定中心。""4. 逻辑宾语提前了，或者还带有定语'一点'，有'也''都''连……也都'表示强调，是否定中心。""5. 动词借'连……也都'的帮助，在'不'字前面加以重复，是否定中心。""6. '不'字前面有'一点（也/都）'时，紧挨在'不'字后的是否定中心。""7. 上述六种有两种以上相继出现的，不论它们在'不'字前面还是后面，往往是先出现的是否定中心。"另有一种是"依靠跟另一个句子或短语的对比来确定，一定要带强调重音"。①

沈开木先生的研究，发前人所未发，但也有两个问题没有解决好。第一，确定否定范围的目的不明确，从文章中看不出否定范围有什么用处。第二，对否定范围进行划分的标准不一致，甚或是重复交叉。例如：

（1）不在他面前说英语。

（2）对他不关心。

（3）这本书我不读。

沈开木先生认为，当一个短语不是主谓语时，"不"字的否定范围在"不"字后面，如（1）。当逻辑宾语以介词宾语出现时，"不"字后面的否定范围管到介词宾语，如（2）。当一个短语是主谓短语时，否定范围管到主语，如（3）。从他的列举中看不出要这么分这么做的目的和理由。更主要的是，沈先生以句式的变化来确定"不"字的否定范围，势必无法穷尽所有的句型，因此实际上也就起不到确定范围的作

---

① 沈开本：《"不"的否定范围和否定中心的探索》，载《中国语文》，1984年第6期。

用。陈平先生是用语义的标准来定义否定范围，却用形式的标准来划分否定范围的。在谈到否定焦点时，他认为焦点是可以移动的，但没有说明焦点移动时，特别是焦点移动到否定词前时否定范围是什么。

于是便有人尝试从语用的角度去分析"不"字的否定范围和焦点，但这也出现了纠缠不清的问题，范围和意义着眼于语言的结构，而焦点着眼于语用，相互之间并不完全一致，结构的标准纳入语用的标准，或者把语用纳入结构部分的分析，都需要有理论的阐述。

钱敏汝先生的《否定载体"不"的语义——语法考察》为解决"不"的否定范围和否定焦点作出了重大的贡献。该文认为："由于考虑到对比重音、语境等其他因素的作用，否定载体'不'的否定范围是它最大可能的语义作用范围；无论'不'在一个语言表达中出现在什么位置，所有在语义上有可能成为被否定的成分都属否定范围。在否定范围内的，可能最终被确定下来的实际被否定焦点，所以，否定焦点原则上位于否定范围之内或与否定范围重合。"这样，就从语义、语用、语法方面解决了"不"字的否定的范围和否定焦点问题。但《否定载体"不"的语义——语法考察》未能将"不"否定的所有情况考察进去，还有一些内容尚需充实。这里将为这方面的研究做一些努力，以就正于大方之家。

一、句尾"不"的否定范围和否定焦点

所谓句尾"不"就是指这样的句子中的"不"：

(4) 你带雨衣不？（不能写作"否"）
(5) 你看文件不？（不能写作"否"）

句尾"不"字句中的"否定范围"和"否定焦点"很难确定,因为它实际上不存在一个个单独的被否定项,它是用在一个命题之后,用以表示对一个命题的肯定或否定。因此,分析句尾"不"字句,必须首先考虑从关涉到"不"字的层次分析起。这种"不"字用在句尾,实质上是表达了两个命题,合起来就是表达一个选言判断。不能简单地说"不"是对一个命题的肯定或否定。因为要靠答话人的具体情况才能确定,这个"不"字就介乎"否定"和"肯定"之间。上面(4)、(5)就可以写成:

(4) 你带雨衣不?

你带雨衣。——肯定。

你不带雨衣。——否定

(5) 你看文件不?

你看文件。——肯定。

你不看文件。——否定。

因此,句尾"不"字句的命题是肯定的还是否定的,否定的范围和焦点是什么都需在一定的语境里才能确定。

句尾"吗"字句和句尾"吧"字句同句尾"不"字句具有同样的功能。

(6) 你带雨衣吗?

(7) 你带雨衣吧?

(4)、(6)、(7) 三句的句意是等值的。我们可以通过句子的变换来看句尾"不"字否定的内容:

(8) 你拿雨伞不?拿(不拿)

(9) 你拿雨伞吧?拿(不拿)

(10) 你拿雨伞吗?拿(不拿)

(11) 你拿雨伞 不拿?拿(不拿)

(12) 你拿/不拿雨伞?拿(不拿)

(13) 你拿雨伞 不拿雨伞 拿(不拿)

(14) 你拿还是不拿雨伞 拿(不拿)

以上(8)至(14)句,在句意上是等值的,都和"拿或者不拿"的句意相等。赵元任先生认为,"吗"字是古汉语否定词的残余 m——和"啊"的融合,不再分离。我们也可这样推测,"吧"字也是古汉语中的否定词 b——与"啊"的融合,也是不能分离的。

二、固定格式中的"不"的否定范围和否定焦点

固定格式中的"不",指的是"不"字被镶嵌在一个熟语中,或用在一个特定的短语中,例如:

不一会儿/不一顿饭工夫/好不痛快/好不潇洒/差一点不吃亏上当/灰不溜秋/了不得。

以上格式中的"不"字与一定的词语黏合在一起,成为固定的格

式，我们几乎无法分析出否定范围和否定焦点。有无"不"字，意义等值：

小王不一会儿就来。＝小王一会儿就来。
玩得好不痛快＝玩得好痛快
差一点不吃亏上当＝差一点吃亏上当
灰不溜秋＝灰溜秋
把月娘玉楼见了喜欢得了不得＝喜欢的了得。

但是，在语义的深层上，有的格式有"不"和没有"不"意义是有区别的：

（15）小张不一会儿就把汽车修好了。
（16）小张一会儿把汽车修好了。
（17）小王去了不一会儿就来了。
（18）小王去了一会儿才来。

从逻辑语义上说，（15）等值于（16），但（17）不能等值于（18），不单单因为（18）中"才"表达了"有所待"的意义，更重要的是"一会儿"有"时间长"的意义，"时间长"故用"才"字呼字；而"不一会儿"似乎表示"时间极为短"的意义，往极小处说，所以用"就"字与之相呼应；这里"不"字又是对"一会儿"的否定。

三、"不"字句的否定层次与否定命题间的关系

由于"不"字作为否定载体，它的否定范围很广，句子中主项、

谓项、宾项及修饰限制项都可以成为被否定的成分（"的""地""得"的聚焦问题除外）。① 因此，一个带有"不"字命题可以改写成很多命题，"小至另一个语素的语义分子，大到篇章的整个语段都可能成为被否定项"，就看对比重音和语境对否定焦点的选择。"几乎可以说，一个'不'字句有几个实质性成分（'不'字除外），就可以作一项变换（获取一个中心），产生几个前提。"如"我们不喜欢刚买来的工具书"。在这个命题中，除"不"字外，共有 n = 6 个实质性成分，作一次变换可以产生 n – 6 个前提：

甲："不"字句：我们不喜欢刚买来的工具书。

乙：（变换产生后，可以看作被否定后的句子）

①别人喜欢刚买来的工具书。
②我们讨厌刚买来的工具书。
③我们喜欢早已买来的工具书。
④我们喜欢刚收到的工具书。
⑤我们喜欢刚买来的教学书。
⑥我们喜欢刚买来的工具箱。

这类句子也可以两次变换，得到 C = 12 个前提：

甲："不"字句：我们不喜欢刚买来的工具书。

乙：被否定后的前提

①他们讨厌刚买来的工具书。

---

① 详见钱敏汝：《否定载体"不"的语义—语法考察》，载《中国语文》，1990 年第 1 期。

②他们喜欢早已买来的工具书。
③我们讨厌早已买来的工具书。
④他们喜欢刚寄来的工具书。
⑤我们讨厌刚寄来的工具书。
⑥我们喜欢早已寄来的工具书。
⑦我们喜欢刚买来的专业书。
⑧我们讨厌刚买来的专业书。
⑨我们喜欢早已买来的专业书。
……

但是，在确定其是否为否定命题上，我们却可以说，只有否定谓项的"不"字句才能是否定命题。至于否定主项或宾项，否定限制项或修饰项，这样的句子都不能算作否定命题，因为命题是对主项陈述了什么，如果否定了主项具有什么样的属性，即为否定命题。如：

（19）他不是学生。

倘若否定的是主项，那么即蕴含有 X 是学生，只是"他"不是，也即这句话肯定了 X 具有学生的属性，这是肯定命题，而不是否定命题。又如：

（20）他不赞成这项方案。

倘若否定的是宾项，那么即蕴含有他赞成 X，他赞成的不是这项方案而已，这句话也肯定了他赞成 X，也是肯定命题，而非否定命题。

因此，我们可以确定，在一个"不"字句中，不论"不"的否定范围多宽，焦点的移动情况怎样，只要是一项变换，也不论它能变换出多少个前提来，就只有一个命题，两项变换中有两个否定命题，三项变换中有三个否定命题，n-1项变换中有n-1项个否定命题。总之，否定焦点凝聚在谓项时该命题是否定命题，凝聚在主项或宾项、修饰项或限制项时该命题都不是否定命题。

由于"不"的否定范围广，焦点可以是（n-1）项中任何一个，因此，对"不"字句的理解，往往会产生歧义。

四、"不"字否定的量项及模糊度分析

（一）在"不"字句中，当"不"与副词"都""很"粘连所构成的逻辑语义值

能够与"不"粘连，并且既可以出现在"不"之前处在否定范围之外，又可以出现在"不"字之后，处在否定范围之内的副词共有三类。一类是程度副词：

（21）天气太不好。
（22）天气不太好。
（23）小王很不用功。
（24）小王不很用功。

二类是时间副词：

（25）我重新不写了。

（26）我不重新写了。
（27）张老师马上不去了。
（28）张老师不马上去了。
（29）他常不回家。
（30）他不常回家。
（31）他时常不回家。
（32）他不时常回家。

三类是范围副词：

（33）我们班的同学都不去。
（34）我们班的同学不都去。

以上各句与"不"黏合的副词，在"不"字之前的，因为在否定范围之外，聚焦或调焦无法限制，所以否定是全部否定，或叫完全否定，在逻辑上否定的集合是全集；而在"不"字之后的，属于否定范围之内的，可以称作是部分否定，或叫不完全否定，在逻辑上否定的集合是子集。

（二）"不"字与数词及副词"都"粘连时所表示的概念、存在量及模糊度分析

"语序的变化，也构成一种特殊的语境，而使语词所表达的概念，具有新的含义。例如：'屡战屡败'与'屡败屡战'，'其情可悯，其罪当诛'与'其罪当诛，其情可悯'，都有不同的含义。""屡战屡败"之"战"和"败"，只是一般的叙述，而在"屡败屡战"之"战"败，则含有一定的感情成分，虽然失败而犹奋死拼搏，可见其顽强赴死的精

神,虽败犹胜。同样,由于"不"字与一定的副词、数词、数量词结合,也有这种情况。我们在上文探讨的完全否定和部分否定的语义逻辑值就是这种情况的分析。下面再看几种常见的情况。

1. "不"字否定的引入,从而改变整个主项的量项

(35) 大家去。

(36) 大家不去。(没有一个人去)

(37) 全厂没有一人认为今年能全面完成国家计划是干群共同战斗的结果。

(38) 全厂没有一人不认为今年能全面完成国家计划是干群共同战斗的结果。

语言中副词是修饰谓语的,因此,"不"的语义指向应当指向动词。(36)中"不"否定的是"去",可从另一方面看,由于"不"字的引入,"不"的语义也指向了主项,变成了实际上否定主项,意即"无人去"或"没有人去"。在(37)中,主项在量项上表现为零,由于"不"字否定的引入,从而使得(38)的量项变成了"全厂的人",在量项上起了很大变化。

2. "不"与"都"粘连在量项上的变化及模糊度

"都"字一般总括它前面的成分,但根据语言事实的考察,我们发现"都"也有总括后面的成分和总括宾语的成分的情况。根据"都"字在句中的分布,大致有如下情况:

情况一:主语不带修饰语

(39) 他们都不了解情况。

(40) 他们不都了解情况。

(41) 小李不天天迟到。

(42) 小李不都天天迟到。

在以上各句中，(39) 和 (41) 中的"都不"和"不"的否定对象是"他们"和"小李"，是完全否定。(40) 和 (42) 中"不都"的否定对象也是"他们"和"小李"，但不是完全否定，而是部分否定。由于"都"本身所具有的语义，它要求是对复数的主项进行总括；如果主项是单数，则要在状语或宾语中出现复数，借以实现其"总括的作用"，"不都"的否定对象便转而指向状语部分或宾语部分。

情况二：主语带修饰语

(43) 我们班不都是男生。

(44) 我们班不都是女生。

(45) 占我们班三分之一的女同学不都学习努力。

(46) 占我们班三分之一的女同学不都学习不努力。

在 (43) 和 (44) 中，由于主项与宾项具有指代关系，因此，"不都"是否定层次指向主项，也指向宾项。但在这种否定中，宾项应该成为否定项，却由于"不都"的部分否定，反而使否定的值减弱，增加了肯定的因素。(43) 句可以说成是"我们班绝大多数是男生"，只有极少数女生，男生可以多到全班只有一个女生，也可以少到只占全班人数的一半，但无论如何不能少到一半以下。(45) 句与 (46) 的语义相同，就是因为"不"字否定在特定语境中形成的。由此，可列表 5.1：

表 5.1

句子结构单位	主项	宾项	反宾项	模糊度	
我们班不都是男生	100%	50%＜X＜100%	0%＜Y＜50%	X：50%→100%	Y：0%→50%
我们班不都是女生	100%	50%＜X＜100%	0%＜Y＜50%	X：50%→100%	Y：0%→50%

说明：其中 X 代表宾项，Y 代表反宾项。模糊度是以全集为 100% 进行运算的，如是空集，则以 0 进行计算。所以，全集为 100%，空集为 0%。"→"表示由小向大扩大。

情况三：主谓谓语句中"不都"的否定分析

（47）这些事我们都不知道。

（48）这些人我们都不认识。

（49）这些事我们不都知道。

（50）这些人我们不都认识。

几乎所有的语法书都把上列句子分析成对"这些人""这些事"的陈述，把"这些事""这些人"同"我们"放在两个层次上分析，认为"这些事""这些人"为大主语，"我们"为小主语。分析非常精到，但却没有注意到"这些人""这些事"与"我们"之间的关系。由于"不都"可以在"否定主项的同时，也可以否定宾项，也就是把主项和宾项放在了一个层次上加以否定"，"通过变换句式，可以实现主项与宾项一起否定的可能"。

（51）我们都不知道这些事。

(52) 我们都不认识这些人。

(53) 我们不都认识这些人。

(54) 我们不都知道这些事。

但在(51)、(54)同(52)、(53)之间仍然有很大的区别，在(51)、(52)中，大主语与小主语是一种全异关系。

在(53)、(54)中，大主语与小主语之间具有相容关系，二者有内容上的重合交叉，用语言形式表达即为：

(54) a. 这些人知道这些事。
　　 b. 这些人知道那些事。
　　 c. 那些人知道这些事。
　　 d. 那些人知道那些事。
(53) a. 这些人认识那些人。
　　 b. 这些人认识这些人。
　　 c. 那些人认识这些人。
　　 d. 那些人认识那些人。

又如：

(55) 我们班的同学都是南方人。
(56) 我们班的同学都不是南方人。
(57) 我们班的同学不都是南方人。

其中(57)根据语义可以分离成为"我们班的同学有的是南方人"

（57a）和"我们班的同学有的不是南方人"（57b）两句，从而使得（55）、（56）、（57）之间构成一个逻辑方阵。如图 5.1 所示：

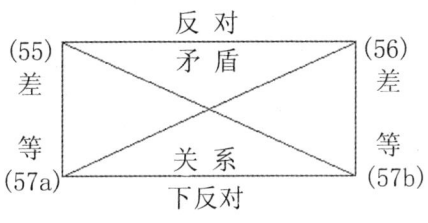

图 5.1

3. "不"之否定与"并非"否定的比较分析

"不"的否定，可以否定主项、谓项、宾项，也可同时否定主项和宾项、主项和谓项、谓项和宾项，也可以否定时间、地点等修饰、限制项，但由于"不"否定的在多数情况下语义指向谓项，从而使整个命题成为否定命题。"并非"和"不"都是否定项，都可以对主项、谓项、宾项进行否定，从而使命题成为否定命题。它们的不同之处在于，"并非"是一次性对整个命题，包括对命题中的主项、谓项、宾项和量项的否定，它侧重于一次性完全否定，倘要单独否定某一项，必须有逻辑重音，而"不"则是依次对主项、谓项、宾项、量项进行否定，否定焦点一般只落在一个常项上。如：

(58) 并非所有的人都织布。—SAP
(59) 所有的人都不织布。—SEP

根据否定的语义特征，我们知道（58）句虽是一次性否定，可写成—SAP，但由于它的否定内涵具有不完全性，因此又可以写成以下两句：

(58) a. 有的人织布。
　　　b. 有的人不织布。

但（59）中的"不"不能一次性完全否定命题，根据逻辑重音及意旨，只能依次、逐项加以否定，可写成以下各式：

(59) a. 不是所有的人都织布。
　　　b. 所有的人不都织布。
　　　c. 所有的人都不织布。

根据语义，我们可以知道，(59)的 a 和 b 句意完全相同，也等同于(59)的 a 和 b 都能分离出(58)的 a 和 b 来，因此，当"不"的否定项指向量项主项时，"不"的否定义指向"都"时，"并非"与"不"的否定内容相同，这时"不"与"并非"可以互相调换。

当命题缺乏主项时，也即不存在主项和量项时，又都是同时否定谓项或宾项，或者否定修饰、限制项时，则"并非"与"不"的否定功能是一致的：

(60) 不都是北方人。
(61) 并非都是北方人。
(62) 不是南方人。
(63) 并非是南方人。

又由于"不都"是部分否定，当"并非"否定的是一个全称命题时，这时的"并非"等值于"不都"，二者可以互换。

（64）学生不都是团员。

（65）并非学生都是团员。

  如果一个人构成或者可能构成他的概念可以不用周围的语言来指导，那么我们就可能倾向于认为思维的作用是同语言完全无关的。但是在这样的条件下生长起来的一个人的精神状态会是非常贫乏的。因此，可以说，一个人的智力发展和他形成概念的方法在很大程度上是取决于语言的。

第六章 汉语中反向表达的辩证逻辑阐释

语言逻辑学必须研究语义，当然也应该研究汉语的语义，因为"汉语往往一个深层结构实现到表层上来有好几个结构，表层结构千变万化是汉语句法的特点之一，充分体现了汉语的灵活性"；"只有以语义结构为中轴，才能掌握千变万化的句法结构"。① 说到语义结构的分析，我们必须区别语言形式和思维形式。思维形式是指蕴纳、表现具体内容的形式，例如概念、判断、推理、论证等。语言形式是指各种语言赖以存在的形式，是各种具体语言抽去具体内容的一种共性。语言形式所蕴含的深层含义叫语义结构，它是依赖于语句之间的某种形式而体现的逻辑有效性的东西，也叫逻辑形式。

在运用语言进行交际时，"人注意的往往不是语言形式本身，而是对话语进行信息加工，把握话语的深层意义，以获得真正的信息，即要从语言行为中把握运用语言的逻辑意念"②。语言的表层结构是我们理解语言的深层结构的基础，但有时语言的表层意义却和人们所要表达的深层意义相矛盾。尽管它是一种"不合逻辑"的现象，"但是已经约定

---

① 转引自伍雅清：《语言学的危机及其出路》，载《争鸣》，1988年第5期。
② 李建钊：《论逻辑意念》，载《徐州师范学院学报》，1988年第2期。

俗成。……汉族人却普遍接受"①。语言形式的表层意义与逻辑形式的深层意义上的矛盾，肯定的语言形式表达否定的逻辑内容，或者否定的语言形式表达肯定的逻辑内容，我们称这种现象为反向表达。它在汉语中有多种表现。

一、词语中的反向表达

汉语中有些词语，单从它的字面是不能直接把握其意义的。范继淹先生指出："……若干例子甚至很难说明究竟是什么语义关系，例如'养病''赔罪''生炉子''哭鼻子'……"② 他指出"养病""赔罪"在句法上是动宾关系，在语义上的关系正好和这种动宾关系表层表示的意义相反。"养"有"饲养""培植""生育""保养""修养""护养"等义项，但无论哪一义项也不能适合"养病"这种句法结构。"（养）无论什么词义，带上宾语都表示使宾语所指的事物得到存在、发展或好处。可是'养病''养伤'无法照此类推，无论如何不是让'病''伤'继续存在、发展。正好相反，是把它消除。"③ 这种语义关系与表层表示的意义相反的现象就是反向表达，汉语词汇中可列举出许多具有反向表达特征的例子。下面试以"救""请""吃""养""赔"等词素构成的词语为例加以分析：

救火：在火警现场进行灭火和救护工作。

---

① 范继淹：《句法、语义浅谈　第三讲：语义的决定性和句法的强制性》，载《语文教学通讯》，1981年第5期。
② 范继淹、徐志敏：《关于汉语理解的若干句法、语义问题》，载《中国语文》，1981年第1期。
③ 范继淹：《范继淹语言学论文集》，语文出版社1986年版。

救国：拯救祖国，使免于危亡。

救荒：采取措施，度过灾荒。

救命：帮助解除生命危险。

养病：因患病而休养。

养生：保养身体。

养伤：因受伤而休养。

请罪：自己犯了错误，主动请求处分。

请客：邀请客人吃饭。

赔罪：得罪了别人，向人道歉。

赔礼：向人施礼认错。

上面词语中，"救火""救荒""养病""养伤""请罪""赔罪"等是反向表达，其余则不然。从两者对比分析中，我们可以看出：第一，一个深层结构可以有两种动宾表达式。如"使火熄灭"的内在含义既可写作"救火"，又可以写作"灭火"。"救火"与"灭火"在语法形式上同为动宾结构，但所用的动词素一个是"救"，一个是"灭"。"救火"便构成了反向表达，它的真正的逻辑意义是"灭火"。"灭火"的语法形式同它的逻辑意义是一致的。[①] 第二，"救""养"等词素同其他名词性词素结合并非都构成反向表达。如"救国""救民"等都不是反向表达，我们不能用和"救"相反的词素替代"救"字，它们的语法表层与逻辑内涵的意义是一样的。

不仅动宾结构可以形成反向表达，有些名·名结构的两个成分之间也有这样的语义关系。人们在交际中，只接受反向表达表示的意义，而

[①] 陈贤书：《"救火"的词素和词义》，见辞书研究编辑部：《疑难字词辨析集》，上海辞书出版社1986年版。

摒弃语言形式在字面上的意义。例如：

  火砖：防火用的耐火砖。（不是火的砖。）
  雨衣：防雨的衣服。（不是雨的衣服。）
  风衣：防风的衣服。（不是风的衣服。）
  水鞋：防水的鞋子。（不是水的鞋子。）
  风镜：防风吹眼的眼镜。（不是风的镜子。）
  感冒药：治疗感冒的药。（不是产生感冒的药。）

  像这类的词语还有"风雨灯""风火墙""风帽"等。这类词语具有两个方面的特征：第一，偏词素是名词形式，动词意义。第二，这类名词多是为了求"简洁"省略而成。"风镜"又可叫作"防风镜"，"太阳镜"是指"防太阳光刺眼的眼镜"。

  方言中的一些词语，有时也构成反向表达。苏北东海县境内口语中时可听见"我爱拿你的东西""我爱跟你去"等句子，这里的"爱"都表示"不屑一顾"的意思。"爱"作为情态动词与动词相结合，使得语言形式与逻辑形式相矛盾。汉民族共同语中有"一塌糊涂"的词语，《现代汉语词典》（第7版）给它的解释是"乱到不可收拾，糟到不可收拾"。可这个熟语在南京话里却又表示"好极了""好到不能再好的地步"，常常可以听到南京人说"好得一塌糊涂"，或者干脆省作"好得一塌"。

二、句子中的反向表达

  汉语不仅在词汇方面具有反向表达，在句子中也存在反向表达的现象。这种现象有多种表现方式。

（一）句中用"不"字例

（1）夫妻二人，半世只生此女，一旦失落，岂不思想，因此昼夜啼哭，几乎不曾寻死。（《红楼梦》第一回）

（2）你左右将到村里去卖，一般还你钱，便卖些与我们，打甚么不紧？（《水浒传》第十六回）

（3）李小二应了，自来门首叫老婆道："大姐，这两个人来得不尴尬。"（《水浒传》第十回）

（4）现是腊月天气，夜又长，朔风凛凛，侵肌裂骨，一夜几乎不曾冻死。（《红楼梦》第十二回）

以上诸例，从它的语法形式看，都是否定判断，构成"SVP"结构，但它却与"SVP"结构表达同样的命题，这种形式与内容的矛盾，具有明显的反向表达特征。对这些句子，只有分析它的逻辑形式，得到它的深层结构，才能把握原句的意思。

这种结构在先秦典籍中随处可见。《诗·文王》："王之荩臣，无念尔祖。"毛亨《传》解为："无念，念也。"《小尔雅》也解为："无念，念也。"《论语·子罕》："无宁死于二三子之手乎？"《朱熹注》及《马融注》并为："无宁，宁也。"又《中庸》："莫显乎微。"《小尔雅》注云："无显，显也。"古音"莫""无"相近而通假，也同义。《诗·车攻》："徒御不警，大庖不盈。"毛亨注曰："不警，警也；不盈，盈也。"俞樾在《古书疑义举例》中列举了很多误解"不"字例，大都应看成是反向表达。

现代汉语口语中也有很多这类"不"字例。如"他时刻不在努力学习""上次你来,很不巧我到外地出差去了""我时刻不在思念远方的亲人""每个人难免犯错误""我不一会儿就来"等,它们的逻辑意义与去掉"不"字的句意完全相等。

在吴方言中,"勿"字组成的句式,有时也构成反向表达,如华君武的漫画《美育》上的题词:"阿囡好好画,练好了好上电视、电影厂拍电影,国际比赛得头奖,弄得勿好,爸爸靠你还好到外国白相白相"①。

以上是增"不"为反向表达例,在上古汉语中还有缺"不"为反向表达例。俞樾在《古书疑义举例·卷二》说道:"古人语急,故有以'如'为'不如'者。隐元年《公羊传》:'如勿与而已矣。'注曰:如,即不如也。有'敢'为'不敢'者。庄二十五年《左传》:'敢辱高位。'注曰:'敢,不敢也。'是也。"增加"不"字例是否定的语法形式表达肯定的逻辑内容,缺少'不'字例是肯定的语法形式表达否定的逻辑内容。

(二)"差一点"与"差一点+否定词"例

汉语中的"差一点"和"差一点不"在特定的语境中也具有反向表达特征。朱德熙先生在《汉语句法里的歧义现象》一文中认为在某些情况下:

差一点死了(没死) = 差一点没死(没死)

差一点输了(没输) = 差一点没输(没输)

差一点打破了(没打破) = 差一点没打破(没打破)

差一点摔一跤(没摔) = 差一点没摔一跤(没摔)

---

① 王玮等:《中外幽默小品选》,江苏人民出版社1983年版。

"'差一点打破了'和'差一点没打破'意思一样,都是说没打破……概括起来说,'差一点打破了'和'差一点没打破',形式上一肯定(没有否定词)一否定(有否定词),但意思都是否定,都是说没打破。"① 朱先生并为这两种情况总结了以下两条规律:

第一,凡是说话人企望发生的事情,肯定的形式表否定意义,否定形式表肯定意义。

第二,凡是说话人不企望发生的事情,不管是肯定形式还是否定形式,意思都是否定的。

"差一点就没赶上汽车",看表面形式是没赶上汽车,其实说话人正安稳地坐在汽车上。对于这类句子,尤要多加分析,要从语境,从说话人的思想感情及心理特征方面加以分析,否则只是望文生义,南辕北辙,大谬其误了。

(三)用"好不"例

在句中用"好不"和一些形容词结合,也具有反向表达特征。《现代汉语八百词》中指出:好+不+形(限于部分双音形容词)表示肯定的意思:

(6)市场上'好不'热闹(=好热闹)

(7)他哭得'好不'伤心(=好伤心)

---

① 朱德熙:《汉语句法里的歧义现象》,载《中国语文》,1980年第2期。

但是:'好容易'和'好不容易'却都表示'很不容易',跟上面的例子相反。

(8) 找了半天,好不容易(好容易)才找到了他。

由例句(6)、(7),我们可以总结出"好+不+形=好+形"的规律,即用否定的语言形式,表达肯定的逻辑内容。由例句(8),我们可以总结出好+(不)=好+不+形的规律,无论是肯定的语言形式还是否定的语言形式都表示否定的逻辑内容。

这类例子可以列举很多:

(9) 我的菩萨哥儿,我说作了好梦呢,好容易得遇见你。(《红楼梦》)

(10) 所以东拼西凑,好容易弄成这个数目。(《官场现形记》)

(11) 找了半天,好不容易才找到了他。婆婆道:"你去见他便了,却如何在这里打转?"土地道:"若去见他,他那棍子好不重,他管你好歹就打哩!"(《西游记》)

在《红楼梦》中"好+不+形"表示肯定意义的有:好不烦心│好不焦心│好不伤感│好不有趣│好不齐整│好不可怜见。

《官场现形记》中"好+不+形"表示肯定意义的有:好不荣耀│好不踌躇│好不为难│好不威武│好不乐意│好不自在│好不凄凉可惨│好不眼热。[①]

[①] 袁宾:《近代汉语"好不"考》,载《中国语文》,1984年第3期。

"好＋不＋形"先是表否定,后逐渐向肯定过渡,发展到今天,只有极少数双音形容词与"好不"结合表示否定意义,即使表示否定意义,也兼有表示肯定的意义,说明它的过渡还不彻底。因此,可以说,只要是"好＋不＋双音形容词"即具有反向表达的特征。

(四)用"除非……不……"例

"除非……不……"语句的结构,也是肯定的语言形式表示否定的逻辑意义,否定的语言形式表示肯定的逻辑意义。

(12) 除非男女双方同意,才能离婚。①

(13) 除非男女双方同意,不能离婚。②

(14) 我非走不可!③

(15) 我非走!④

(16) 不让他去,他非去。

《逻辑与语言学习》1988年第5期《也谈"除非"与"除了"》一文认为:"除非"是动宾合成词,"除"即"除了","非"即"不"。"除"或"非"都是对所指事物情况或范围的否定。"除"与"非"两字叠用,则构成了对所指事物情况或范围的双重否定(即肯定)。我们不同意这样的观点。首先,"除非"不是"动宾式合成词","非"很难讲它是"除"的宾语。"除非"是复式虚词,正如"假使""籍第令"一样。其次,照这种观点分析,双重否定即为肯定,那例(13)就成

---

① 高名凯、石安石:《语言学概论》,中华书局1963年版。
② 高名凯、石安石:《语言学概论》,中华书局1963年版。
③ 高名凯、石安石:《语言学概论》,中华书局1963年版。
④ 高名凯、石安石:《语言学概论》,中华书局1963年版。

了"男女双方同意，不能离婚"，显然是讲汉语的人所不能接受的。再看以下两例：

（17）除了你去，别人不能去。
（18）除非你去，别人不能去。

张相先生在《诗词曲语词汇释》中指出："除非是，假设一例外，以见其只有此也。……省去'是'字，则曰'除非'，……省去'非'字，则曰'除是'，……省去'非是'字，则只曰'除'。"由此可知"除了"与"除非"在逻辑蕴含上是等值的。在语言形式上，两者一个肯定，一个否定，但在逻辑形式上，它们所表达的意义是一样的。同样，"除非男女双方同意，不能离婚"与"除非男女双方同意，才能离婚"的逻辑意义也是一样的。

有些含有"非"字的语句，也形成反向表达：

（19）他非得去，不然会开不成。
（20）小玲这孩子脾气犟，不听话，不让她做的事她非做，让她做的事，她又不做了。

黎锦熙先生说："'非……不可……'或'非……不行'，方言中有把'不可''不行'省略的，于是否定的'非'竟变成肯定的'必'，如北语'必须去'有时作'非得去'，这是因为语势急激，竟把后面的'不可'两字省掉了。"①

---

① 黎锦熙：《新著国语文法》，商务印书馆1956年版。

（五）特殊的"动词＋宾语"例

有些动词与它所涉及的对象（宾语）之间，由于语境的关系，也具有反向表达。这种情况通常被认为是病句，其实它只不过是反向表达的动宾式的扩展，体现人的反向思维：

（21）人们来这里，只为恢复工作后的疲劳，随便喝点，要是袋里有钱。（茅盾《风景谈》）

（22）张轨如道："一来请小弟之罪，二来贺兄翁之喜。"（《玉娇梨》第十八回）

（23）请你打扫一下房间卫生，好吗？

不仅仅在汉语中具有这样的表达方式，就是在一些外语中，也能见到这样的例子：

（24）Please dust the desk！（英）

（25）Sans doute.（法）①

（六）"有日"与"无日"例

"有日"与"无日"，从字面看意义是相反的，但它们在句中所表达的逻辑意义却是一致的，都表示某种事情的发生不需要很长时间了。

（26）死丧无日，无几相见。（《诗·小雅·頍弁》）

（27）道德之归也有日矣。（韩愈《答李翊书》）

---

① 伍铁平：《谈语言中不合逻辑的现象》，载《逻辑与语言学习》，1983年第6期。

但是,"有日"与"无日"在句中不能互换。"有日"一般用于表示"吉庆"的事;"无日"则表示"坏事"。"有日"句句势宽缓,"无日"句句势急迫:

(28)先轸怒曰:"武夫力而拘诸原,妇人暂而免诸国,堕军实而长寇仇,亡无日矣。"不顾而唾。(《左传·僖公三十二、三十三年》)

(29)(诸葛)亮见权于柴桑,说权曰:"……事急而不断,祸至无日矣。"(《资治通鉴》第六十五卷)

三、反向表达探源

汉语中的反向表达的具体表现,略述如上。现在,我们探求一下产生反向表达的原因。

第一,反向思维中的对比律造成的反向表达。

人们的思维形形色色,各式各样,在认识事物、作出判断时,故意违反常规思维,反褒为贬,或反贬为褒,都造成鲜明对比,给人留下深刻印象,这种反向思维能构成反向表达。

(30)张得贵,真好汉,跟着恒元舌头转:恒元说个"长",得贵说"不短",恒元说个"方",得贵说"不圆"。(赵树理《李有才板话》)

这种思维方式常常使人先有迷惑，尔后恍然省悟，颇有余味，能比常规思维更加使人警醒。

第二，语急造成的反向表达。

由于言语急促，语流中吞掉了否定成分，这在形式上也造成了反向表达。俞樾在《古书疑义举例》中列举了数条"古人语急"例，如"敢辱高位"为"不敢辱高位"之语急形式。不仅古人语急省去"不"字，就是在现代汉语中，由于语急，也会省去"不"字，造成反向表达，下面请看老舍作品中的例子①：

（31）"别嚷！"祥子似乎把全身的力量都放在唇上，爆裂出这两个字，音很小，可是极有力。"哼！我才怕呢！"她恶意地笑了，可是不由她自己似的把声音放低了些。(《骆驼祥子》)

（32）"校长也不好，不应当让你看那封信。""校长才那么糊涂，博士把那封信也给了我一封，没签名。他大概是不屑与我为伍。"(《微神集·牺牲》)

（33）"你妈才霸道！"老张看了孙八一眼。"不霸道？像张师母一样？那敢情好！"小四是永远不怕老张的。(《老舍文集》)

第三，语境造成的反向表达。

一个词可能有好几个意义，在不同的语境选用不同的词义，或在特定的语境里临时创造一个与基本义相反的词义，都能构成反向表达。电影《霓虹灯下的哨兵》中春妮说的"我恨死你了"，这里的"恨"就是"爱"的意思。"爱"的意义本不是"恨"所具有的，但在特定的语

---

① 于盛庭：《老舍作品中语急省的现象》，载《徐州师范学院学报》，1982年第4期。

境中被创造了出来。

此外，由于民族语言的约定俗成，话语省略，以及古代汉语句法向现代汉语演变不彻底等因素，都可能造成反向表达。

总之，反向表达的语言形式是多种多样的，我们要从各种语言形式中把握它的逻辑意义。维特根斯坦指出："不能在记号中表现出来的东西，在应用它时就显示出来。记号所隐藏的东西，则由它们的运用表示出来。"[①] 反向表达所要真正表现的东西，是在特定的语境下表现出来的，这种反向表达体现了人类思维与语言机制的对立统一。

四、汉语中反向表达的辩证逻辑阐释

语言学家为这种反向表达的解释提出了各种各样的理由和根据，诸如"语急造成的反向表达""语境造成的反向表达""话语省略造成的反向表达""语言约定俗成造成的反向表达""反向思维造成的反向表达"，等等，不一而足。可以认为，是中国人的思维中颇具有辩证逻辑思维，才在语言的物质载体中显现出来。著名训诂学家王宁认为，所谓的"反训"名称最好还是不用为妥。"洪迈所说的'治'与'乱'、'香'与'臭'等，名曰'美恶'，其实从字面看是积极与消极的对立概念；而李治所谓'极致之辞'从字面上看是肯定与否定的对立概念。"[②] 语言是思想的现实，有什么样的思想，就会有什么样的语言。正是因为中国人思维中充满了辩证法，所以汉语中才具有了丰富的反向表达的语言现象。

汉语中的这种反向表达绝不是无缘无故的一般的语言现象，而是有

---

① [奥] 维特根斯坦：《逻辑哲学论》，郭英译，商务印书馆1962年版。
② 王宁：《训诂学原理》，中国国际广播出版社1996年版。

其深刻的文化基础的。正如黑格尔评价中国古代的"百科全书"《周易》时所指出的那样："在中国人那里存在着最深邃、最普遍的东西与极其外在、完全偶然的东西之间的对比。这些图形是思辨的基础，但同时又被用来卜筮。所以那最外在最偶然的东西与最内在的东西便有了直接的结合。"① 有学者曾研究认为伏羲既创制了八卦，也创制了汉字。此说虽经学者证明其伪，但《周易》和汉字中体现的辩证逻辑思维确实是相通的，也和汉语在词汇、句法中的反向表达的辩证逻辑思维一脉相承。钱钟书先生指出："'哀'亦训爱悦，'望'亦训怨恨，颇征情感分而不隔，反亦相成；所谓情感中自具辨证，较观念中之辨证愈为纯粹著明。《老子》四十章：'反者，道之动'，'反'亦情之'动'也。……古文皆有一字反训之例，如'扰'并训'安'，'乱'并训'治'，'丐'兼训'与'，析心学者借以窥见心思之正反相合。窃谓字之本不兼正、反两训者，流俗每用以指称与初训适反之情事，更资符验。"② 正如甲骨文"化"字，朱芳圃《殷周文字释丛》里说："化像一个人一正一倒之形，即今俗所谓翻跟头。""化"字取象于人体一正一倒之形，正是以此类推空间关系表示"转化"之意。《玉篇·匕部》："化，易也。"《易·恒卦》："日月得天而能久照，四时变化而能久成。"把"变易"之理拟之于"恒卦"——恒定之象，"反象以征"，尤善于体现中国古代人的思辨智慧。

成中英先生认为，必须通过语言来实现逻辑，同时语言也包含了逻辑思辨的结果。那么，我们如何看待汉语中的反向表达所体现的辩证逻辑的合理内核呢？首先，汉语中的这种反向表达体现了中华民族"与时俱化"的精神，能够从变化的发展的观点来看待问题。《周易》这本

---

① ［德］黑格尔：《哲学史讲演录》第 1 卷，生活·读书·新知三联书店 1956 年版。
② 钱钟书：《管锥编》第 3 册，中华书局 1979 年版。

书中就充满着丰富的"与时俱化"的思想,从而被翻译成 The Book of Change(变化之书),而这种变易思维又与辩证逻辑的用联系的、发展的观点看待问题是相吻合的。其次,汉语中的反向表达体现了对立统一的辩证思维,汉语语形和语义之间的矛盾并没有影响使用汉语的人对这种言语的正确理解和把握。不论是汉语反向表达的编码者,还是反向表达的解码者都能够把语形和语义之间的矛盾着的两个方面统一起来,运用对立统一的观点去分析中国语言中的客观世界和主观思维的运动。正如恩格斯所说的那样:"辩证思维不过是自然界中到处盛行的对立中的运动的反映而已。"① 早在两千多年前,我国的老子就说过"反者道之动"的话,认为"有无相生,难易相成","福兮祸所伏,祸兮福所倚"。汉语中的反向表达是对这些对立统一的辩证思维的生动阐释。再次,汉语中的反向表达体现了语言运用的灵活性和辩证性,语形和语义的矛盾得以在语用中得到统一,得到消解。这一点现代语言学家黎锦熙先生认为汉语偏重心理,轻于形式。两千多年前的庄子说"得鱼忘筌,得意忘言",他们都抓住了汉语的实质,而这正是汉语所体现的辩证逻辑的基本规律——对立统一律的重要特征。

五、反向表达的对立统一推理

反向表达体现了事物自身的对立统一,因此只要认识语言现象中的反向表达,就可以在对立统一律的指导下对具体的具有反向表达的语言的语义进行对立统一推理,从而获得关于反向表达的语用结论。这个推理的前提是具有反向表达的具体语言形式,而不是对于所有的语言都合

---

① 《马克思恩格斯选集》第3卷,人民出版社1972年版。

适，推理的规则是"正言若反，反言若正"。其具体的推理形式如下：

肯定式

$$P（语形）$$
$$-P（语义）$$
$$\therefore -P（语用）$$

当然，因为"正言若反，反言若正"，也可以有另外一种推理形式，其推理规则和上面的推理形式一样，前提不一样，但是得出的结论也不一样：

否定式

$$-P（语形）$$
$$P（语义）$$
$$\therefore P（语用）$$

笔者使用上文举过的例子进行反向表达推理，对这种推理进行说明：

肯定式

$$差一点死了（语形）$$
$$死了（语义）$$
$$\therefore 没死$$

否定式

$$好不痛快（语形）$$
$$不痛快（语义）$$
$$\therefore 痛快（语用）$$

本书提出"正言若反，反言若正"的推理形式，在形式逻辑的推理中是不能合理推出的，是无效式，就是在辩证逻辑的推理式中也不是很容易见到的，但是它符合辩证逻辑的推理思想，是对立统一律在具体的推理过程中的表现，它的有效性受到一定范围的限制，也即仅仅在反向表达中有效，超出这个范围就失效。

第七章 中国的逻辑理论与思想

第一节 中国传统逻辑推理

由于受汉语的影响,中国的逻辑推理具有明显的重推类、重意会的特征,使得中国逻辑推理在很多方面有着与西方逻辑推理不相符合的地方。

正如列维·布留尔在他的名著《原始思维》一书中所指出的那样,尽管人类高级的智力机能不能处处具有某种共同的基础,但仍应该承认人类社会如同有机体一样,可能具有彼此间差异深刻的结构,从而也在高级智力机能中间具有相应的差异。所以,具有自己的制度和风俗的一定类型的社会,也必然具有自己的思维样式。语言的本质是社会性的,语言是人与人之间、人与世界(包括自然界与社会、文化与价值、历史与未来)之间的联系的根本纽带。人按照他自己的语言形式来接受世界。"这种接受形式决定了他的思维、感情、知觉、意识和无意识的格局。从语言中看到的客观世界已非纯粹的客观世界,而是充盈着主体意识的世界。"① 这正应了我国古人关于语言的论述："人之所以为人者，言也。人而不能言，何以为人？"正如林语堂所说："每一个民族都发展了一种最适合于本民族语言特性的写作系统。"② 每一个民族也应该发展一种最适合于本民族语言特性的逻辑推理。汉语的语言世界相应也就决定了中国先哲们的思维样式，使得他们的推理具有非常明显的中华民族自身的特征。

1. 推类

类的概念在先秦是一个经常出现的概念，它的出现，表明古人对客观事物的认识已经有了很高的成就，正如列宁所指出的那样："类概念是'自然的本质'，是规律……"③。在"我们看来，类概念是逻辑学中一个最基本的、最核心的、最普遍的范畴，它是逻辑学关于思维的科学借以产生的基础。因而，它的发生发展的历史，实际上也就是人们逻辑思维发生发展的历史，它的发展阶段，也就是人们逻辑思维的发展阶段。"④

先秦诸子很多都提出了或者论述了类的概念。类概念在诸子文章中是一个极为重要的概念，"明类""知类""推类""异类不比"，等等，俯拾皆是。据孙中原先生研究，"类，在墨翟和前期墨家的材料中，共出现了五次"⑤。有"子未察吾言之类""义不杀少而杀众，不可谓知类""非义之类也""为与此同类"等说法。后期墨家谈类就更多。

细细分析、探究先秦诸子所论及的类，与我们逻辑学上通常所讲的

---

① 申小龙：《中国句型文化》，东北师范大学出版社1988年版。
② 林语堂：《中国人》，学林出版社1994年版。
③ 《哲学笔记》，人民出版社1960年版。
④ 吴建国：《中国逻辑思想史上类概念的发生和发展》，见《中国逻辑思想论文选（1949—1979）》，生活·读书·新知三联书店1981年版。
⑤ 孙中原：《中国逻辑史（先秦）》，中国人民大学出版社1987年版。

类还有一些区别，而不能把先秦诸子的"类"概念比附成逻辑学中的类概念。逻辑学教科书中的类概念主要是对概念的外延而讲的，具有权威性的词典也作了这样的解释："通常也称集合。具有相同属性的事物的汇集。客观世界中，有许许多多个别事物，它们有各种性质，相互之间也有种种关系，性质和关系统称为属性，具有相同属性的事物汇集成类"①。由此可见，类是事物的汇集，它反映的是事物的外延，它包含有属概念和种概念。在先秦诸子百家中，后期墨家从类概念的角度提出了"名：达，类，私"（《经上》）；"命之马，类也；若实也者，必以是名也"（《经说下》）；"知：闻、说、亲，名、实、合、为"（《经说上》）；"传授之，闻也。方不㢓，说也。身观焉，亲也。所以谓，名也。所谓，实也。名实耦，合也。志、行，为也"（《经上》）。

在先秦诸子的类概念中，类又不仅仅局限拘泥于事物的同，也即并不仅仅把着眼点放在事物的外延数量上，还用来指行动甚或指完成某一件事。即以墨子所谓的察类而言，"据《非攻下》记载，当时好攻伐之君，辩护自己的观点，并对墨翟'以攻伐之为不义'提出责难，声称'昔者禹征有苗，汤伐桀，武王伐纣，此皆立为圣王，是何故也？'墨翟回答：'子未察吾之类'，'若以此三圣王者观之，则非所谓攻也，所谓诛也'。在墨翟看来，否定以无义伐有义，并不等于否定有义伐无义。虽然这二者从表面上看，都是使用武力的战争行动，但因性质不同，所以在逻辑上不能看作是等同"②。这种事物间的性质相同或不同，也就成了先秦诸子关注的重心。《孟子·梁惠王上》："挟太山以超北海，语人曰：'我不能。'是诚不能也。为长者折枝，语人曰：'我不

---

① 《哲学大辞典·逻辑学卷》编辑委员会编：《哲学大辞典·逻辑学卷》，上海辞书出版社1988年版。
② 孙中原：《中国逻辑史（先秦）》，中国人民大学出版社1987年版。

能。'是不为也,非不能也。故王之不王,非挟太山以超北海之类也;王之不王,是折枝之类也。"得出的结论自然也就是,"王之不王,是不为也,非不能也"。又如《墨子·非攻上》:

> 今有一人,入人园圃,窃其桃李,众闻则非之,上为政者得则罚之。此何也?以亏人自利也。至攘人犬豕鸡豚者,其不义,又甚入人园圃窃桃李。是何故也?以亏人愈多。苟亏人愈多,其不仁兹甚,罪益厚。至杀不辜人也,扡其衣裘,取戈剑者,其不义,又甚入人栏厩,取人牛马。此何故也?以其亏人愈多。苟亏人愈多,其不仁兹甚矣!罪益厚。当此天下之君子皆知而非之,谓之不义。今至大为国,则弗知非,从而誉之,谓之义。此可谓知义与不义之别乎?

总结这种推类的特征,可以说是与西方的类比推理相近似,只是前提中不局限在两个事物罢了:

A:窃人桃李,亏人自利,不义
B:攘人鸡犬,亏人自利,不义
C:取人牛马,亏人自利,不义
D:杀不辜人,亏人自利,不义
所以E:攻国,亏人自利,不义。

从前提A、B、C、D到结论E,层层推类,步步进逼,性质愈来愈重,呈一种层递之势,这于论证是非常有力量的,也正是在这个意义上,有的研究者就认为在中国先秦的墨家学派中发展了非形式逻辑。

然而，在先秦的这种推类当中，还具有非常强烈的演绎性质：

孟子谓齐宣王曰："王之臣，有托其妻子于其友而之楚游者，比其反也，则冻馁其妻子，则如之何？"

王曰："弃之。"

曰："士师不能治士，则如之何？"

王曰："已之。"

曰："四境之内不治，则如之何？"

王顾左右而言他。（《孟子·梁惠王下》）

朋友不信，士师不能治士，是他们不称职，"王"已经认定他们或者应该弃之，或者应该已之。那么，以此为前提，四境之内不治，这也是国王的失职，也应该已之。演绎的过程即为"不称职的应该已之，国王为不称职，故国王应该已之"。但这种演绎又是以推类为基础的，即朋友不信，士师不能治士，国王不能治国皆有其相同的地方，因而结论也应该一样，即"弃之"或者"已之"。

在《墨辩》中，与推类有关的具体推理还有"譬""援""推"等。

（1）譬

譬在先秦诸子的文章中用得非常多，如："君子之德风也，小人之德草也"。《墨子·小取》对"譬"所下的定义是："譬也者，举他物而以明之也。"先秦诸子对譬的重视可从《说苑·善说》中可见一斑：

客谓梁王曰："惠子言事也善譬。王使无譬，则不能言矣。"

王曰："诺。"明日见。谓惠子曰："愿先生言事直言耳，无譬也。"

惠子曰："今有人于此不知弹者，曰：'弹之状何若？'应曰：'弹之状如弹'谕乎?"王曰:"未谕也。""于是更应曰:'弹之状如弓而以竹为弦。'则知乎?"王曰:"可知矣。"惠子曰:"夫说者固以其所知,谕其所不知,而使人知之。今王曰'无譬',则不可矣。"王曰:"善。"

沈有鼎先生认为"逻辑学上所谓类比式的论证通常也只是'譬'。类比推论与比喻之间本来没有固定界限"①。并举《墨子·耕柱篇》中的一段话为证:"治徒娱、县子硕问于子墨子曰:'为义孰为大务?'子墨子曰:'譬若筑墙然,能筑者筑,能实壤者实壤,能欣者欣,然后墙成也。为义犹是也,能谈辩者谈辩,能说书者说书,能从事者从事,然后义事成也。'"

(2) 援

援与譬同为类比推论,"它们的区别只在'譬'所用的前提则是以众所周知的事实为内容的主方自己的话,而'援'所用的前提则是对方说过的话(或行过的事),或某人说过的话(行过的事),为对方所赞成的"②。这即是引用对方的话或做过的事作为前提而进行的推类。如《庄子与惠子游于濠梁》:

庄子与惠子游于濠梁之上。庄子曰:"鲦鱼出游从容,是鱼之乐也。"惠子曰:"子非鱼,安知鱼之乐?"庄子曰:"子非我,安知我不知鱼之乐?"惠子曰:"我非子,固不知子矣;子固非鱼矣,子之不知鱼之乐全矣。"庄子曰:"请循其本。子曰'汝安知鱼乐云者',既已知吾知之而问我,我知之濠上也。"

---

① 沈有鼎:《墨经的逻辑学》,中国社会科学出版社1980年版。
② 沈有鼎:《墨经的逻辑学》,中国社会科学出版社1980年版。

所以,《墨子·小取》说:"援也者,曰:'子然,我奚独不可以然也。'"

(3) 推

《墨子·小取》给"推"所下的定义为:"推也者,以其所不取之,同于其所取者,予之也。'是犹谓'也者,同也。'吾岂谓'也者,异也。""推"也是一种近似类比的推理,这是一种归谬式的近似类比的推理。这种推理以对方的主张用作推类的前提,从而得出一个本质上与之类似的结论,而得出的这荒谬的结论不仅仅是自己所不愿意接受的,也是对方所不愿意接受的,从而达到驳倒对方的论题的目的。在《墨辩》看来,"援"是"以类取",而"推"则是"以类予"。① 例如《墨子·公孟篇》有这样一段话:"公孟子曰:'无鬼神。'又曰:'必学祭祀。'子墨子曰:'执无鬼而学祭礼,是犹无客而学客礼也,是犹无鱼而为鱼罟也。'"又《墨子·耕柱篇》:"巫马子谓子墨子曰:'子兼爱天下,未云利也;我不爱天下,未云贼也。功皆未至,子何独自是而非我哉?'子墨子曰:'今有燎者于此,一人奉水将灌之,一人掺火将益之,功皆未至,子何贵于二人?'巫马子曰:'我是彼奉水者之意,而非夫掺火者之意。'子墨子曰:'吾亦是吾意,而非子之意也。'"

其实,"譬"也即推类,是中华民族从语言到思维过程中最为本质的东西。在古代汉语中,汉字不论是造字还是用字都离不开推类,从词义的转化看,很多词的义项是由比喻义转化而来的,在造句中有修辞上的比喻,在文章作法上有所谓的"赋、比、兴"的说法,这种从字到词到句到章的比喻,必然影响到中国古人的思维,使他们的思维特征也

---

① 沈有鼎:《墨经的逻辑学》,中国社会科学出版社 1980 年版。

处处体现出"从甲物至乙物"的推类特征。由先秦诸子对推类之中的"援""譬""推"等可见推类的普遍性、本质性、丰富性远远地超过印欧民族对这种推理的具体运用。我们可以说中国人的语言是推类的语言,中国人的思维是推类的思维。

康德曾经说过:"每当理智缺乏可靠论证的思路时,类比这个方法往往能指导我们前进。"① 对中国人思维中的这种逻辑理论和思想应当给予正确的、科学的评价。

2. 同构推论

汉语从字(词)到词组到句具有一种明显的同构关系。郭绍虞先生指出:"汉语中的词和词组和句这三级都取同一的结构形式。"② 朱德熙先生也认为:"汉语的句子的构造原则跟词组的构造原则基本一致。"③ 汉语中的这种从词到词组再到句子的同构性,以至使得很多语法学家认为汉语中词、词组和句子之间的界限是模糊的,从而考虑汉语中词、词组和句子的区别不在它们的结构的功能,而在于它们的使用功能。吕叔湘先生认为:"短语是语言的静态单位,备用单位;而句子则是语言的动态单位,使用单位。"④

朱德熙先生也认为汉语从词组扩大到句子,不是句子结构上的扩大,而是使用上的实现。⑤ 这即是说,在汉语中,当词或词组没有进入句子时是词、词组,一旦进入句子时,就变成了句。或者说,词、词组作为语言单位不被使用时,就只能是词、词组,而不是句子。当词、词组作为语言单位被使用时,就不再是词、词组,而是句子。这种词、词

---

① 转引自孟宪鹏主编:《提高智力的工具》,海洋出版社1991年版。
② 郭绍虞:《汉语语法修辞新探》(下册),商务印书馆1979年版。
③ 朱德熙:《语法分析和语法体系》,载《中国语文》,1982年第1期。
④ 吕叔湘:《汉语语法分析问题》,商务印书馆1979年版。
⑤ 朱德熙:《语法分析和语法体系》,载《中国语文》,1982年第1期。

组、句子的同构可以由表 7.1 得到清楚的说明。

表 7.1

方式	构词	词组	句子
主谓	地震	岁月悠悠	明月松间照
联合	国家	和平与发展	枯藤老树昏鸦
动宾	机关	发展经济	保障供给
偏正	美人	墨学源流	渭北春天树
补充	提高	高兴得跳起来	累得他腰酸背疼

由于受汉语这种同构的影响,从而产生了"道生一,一生二,二生三,三生万物"(老子《道德经》四十二章),也即"易有太极,是生两仪,两仪生四象,四象生八卦"(《周易·系辞》)的衍推。由汉语的语言单位同构,使人联想到先秦诸子的万物同构的天人合一的思想,世间的万物万事都是按照一个道理变化生成出来的,这也就是宋人所谓的"理一分殊"①。所以,在先秦诸子的眼中,心物同构,天人同构,万事万物皆备于我,由我可以推知万物,由近可以知远。万物同构以致"昔者庄周梦为胡蝶,栩栩然胡蝶也。自喻适志与!不知周也。俄然觉,则蘧蘧然周也。不知周之梦为胡蝶与?胡蝶之梦为周与?周与胡蝶则必有分矣"②。

---

① 朱熹的"月印万川"比喻把这个道理说得最为形象:"本只是一太极,而万物各有禀受,又各全具一太极尔。如月在天,只一而已,及散在江湖,则随处可见,不可谓月已分也。"(《朱子语类》卷九十四)
② 《庄子·齐物论》。

由于万事万物毕同毕异,自然可以由近知远,由大知小,同样,反过来,也可以由小知大,由远知近。《荀子·非相篇》说:"欲观千岁,则数今日;欲知亿万,则审一二……故曰,以近知远,以一知万,以微知明。此之谓也。"《吕氏春秋·察今篇》也说:"有道之士,贵以近知远,以今知古,以所见知所不见。故审堂下之阴,而知日月之行,阴阳之变。见瓶水之冰,而知天下之寒,鱼鳖之藏也。"

(1)由小推大

由于所有的事物同出一源,毕同毕异,所以,小类事物具有的属性,大类事物也具有。所以,从小类事物具有的性质,从而推得大类的事物也具有同样性质的结论:

> 格物而后知至,知至而后意诚,意诚而后心正,心正而后身修,身修而后家齐,家齐而后国治,国治而后天下平。① (《大学》)

从小处修身开始,依次递升,逐级升级,由个人的修身,推到诸侯的齐家,再推到王朝的治国,从而推出一个带有普遍意义的更高境界,即治国而后可以平天下。由此,我们便很自然地想到唐太宗的名言:"夫欲盛则费广,费广则赋重,赋重则民愁,民愁则国危,国危则君丧矣。"这些推论中,都不具有西方逻辑推理中的蕴涵关系。能修身未必能齐家,能齐家未必能治国,能治国也未必能平天下,就如同韩信善将兵而不善将将一样。这种推论在西方传统逻辑看来,简直不可思议,但这种推论在中国从古至今根深蒂固,诸如"三岁看八十""从小偷针,

---

① 《中庸》:"知斯三者(知、仁、勇),则知所以修身;知所以修身,则知所以治人;知所以治人,则知所以治天下国家矣。"

到大偷金"。在《孟子·梁惠王上》中，孟子由梁惠王不忍心看到牛被用来屠祭而具有的恻隐之心，从而推知梁惠王有仁义之心，从而推知其可以王天下，也是这种由小推到大的推理。又如：

名不正则言不顺，言不顺则事不成，事不成则礼乐不兴，礼乐不兴则刑罚不中，刑罚不中则民无所措手足。（《论语·子路》）

这种推理犹如滚雪球，越滚越大，越推越深。好处是小处见大，可以由具体而抽象，从表面而见实质，缺点是最容易无限上纲，也容易想入非非，就如同西方的笑话"挤牛奶的姑娘"① 一样。

（2）由大推小

这种推理的依据仍然是万物毕同毕异，因而任何大类的事物具有的属性，小类事物也一定具有，所以，从任何大类事物具有的性质，推论任何小类事物也具有这样的性质：

古之欲明德于天下者，先治其国；欲治其国者，先齐其家；欲齐其家者，先修其身；欲修其身者，先正其心；欲正其心者，先诚其意；欲诚其意者，先致其知；致知在格物。（《大学》）

君君，臣臣，父父，子子。

非独射也。国之存也，国之亡也，身之贤也，身之不肖，亦皆有以。（《吕氏春秋》）

有天地然后有万物，有万物然后有男女，有男女然后有夫妇，

---

① 故事是这样的：有一女孩头顶一桶牛奶上街卖，边走边想：我有一只母鸡，母鸡可以生蛋，蛋又可以生鸡，鸡又可以生蛋，蛋又可以生鸡，这样我便成了富翁。想到这里，她得意地摇头便笑，不料将牛奶桶打翻了。

有夫妇然后有父子,有父子然后有君臣,有君臣然后有上下,有上下然后礼义有所错。(《易·序卦》)

(3) 由近推远

由现实的前提出发,推之即将发生的事。如"假道灭虢":

晋侯复假道于虞以伐虢。宫之奇谏曰:"虢,虞之表也。虢亡,虞必从之。晋不可启,寇不可玩。一之谓甚,其可再乎!谚所谓'辅车相依,唇亡齿寒'者,其虞、虢之谓也。"公曰:"晋,吾宗也,岂害我哉?"对曰:"大伯、虞仲,大王之昭也,大伯不从,是以不嗣。虢仲、虢叔,王季之穆也,为文王卿士,勋在王室,藏于盟府。将虢是灭,何爱于虞!且虞能亲于桓、庄乎,其爱之也?桓、庄之族何罪?而以为戮,不唯逼乎?亲以宠逼,犹尚害之,况以国乎?"……弗听,许晋使,宫之奇以其族行,曰:"虞不腊矣!在此行也,晋不更举矣。"……冬,十二月丙子朔,晋灭虢,虢公丑奔京师。师还,馆于虞,遂袭虞,灭之……(《左传·僖公二、五年》)

(4) 由已然推未然

从已有的事实出发,并以之作为前提逐渐推知未来的事情。如《庄辛说楚襄王》:

庄辛谓楚襄王曰:"君王左州侯,右夏侯,辇从鄢陵君与寿陵君,专淫逸侈靡,不顾国政,郢都必危矣!"……"王独不见夫蜻蛉乎?六足四翼……自以为无患,与人无争也;不知夫五尺童子,方将调饴胶丝,加己乎四仞之上,而下为蝼蚁食也。""夫蜻蛉其小者也,黄雀因是以……自以为无患,与人无争也;不知夫公子王孙,左挟弹,右摄丸,将加己乎十仞之上,以其类为招,昼游乎茂树,夕调乎酸碱。""夫黄雀其小者也,黄鹄因是以……""蔡圣侯之事其小者也,君王之事因是以。左州侯,右夏侯……而不以天下国家为事,不知夫穰侯方受命乎秦王,填黾塞之内,而投己乎黾塞之外。"

楚王闻之,颜色变作,身体战栗……

3. 连珠体

连珠体启创于西汉的扬雄,但可上溯至战国时期的韩非子。据沈剑英先生研究:"但从逻辑的角度看,扬雄的这两首作品仅得韩非连珠的外形,并不十分高明。"① 我们这里讨论的连珠体作为一种推理形式,不是指严复翻译耶方斯《名学浅说》中用来指代三段论的连珠,而是指由韩非子始创,扬雄、陆机等继其后的一种推理论式。

中国为什么会发生出"连珠体"那样既不是归纳、演绎、类比,又兼具归纳、演绎、类比性质的推理论式呢?我们的逻辑史研究从未给出过答案。沈约说:"连珠者,盖谓辞句连续,互相发明,若珠之结排也。"(《注旨制连珠表》)沈剑英先生认为沈约的这段话揭示了连珠体的特征,并特别强调所谓"辞句连续","当然不是指语句间的一般承接关系,而主要是指命题间的逻辑联系,所以紧接着就指出这种连续的辞句是'互相发明'的。'互相发明'四字确切地点出了连珠式推论前提与前提、前提与结论之间的逻辑关系"。② 这是就连珠体具

---

① 沈剑英:《论连珠体》,见《中国逻辑史研究》,中国社会科学出版社1982年版.
② 沈剑英:《论连珠体》,见《中国逻辑史研究》,中国社会科学出版社1982年版。

有的外部语言表现形式与内在的逻辑关系而论述的。原来连珠体虽有演绎、归纳，却重在"比喻"，借古讽今，托物喻志，托事寓情。一个连珠体，往往是前提"假喻"，结论"达旨"，虽有演绎、归纳，却统一于推类之下。

连珠体既与推类有关，是可以把它看作推类的一个特殊形式的，这就使我们不由自主地想到了汉语的意会性、汉字的类比性特征。有的研究者认为，印欧语中曲折程度越高的语言，具体的词、词类、句子成分三者的关系就越简单一致。但在汉语里，由于判别划分标准不同，"词类"这一术语便发生了变异：（1）干脆无词类这一范畴；（2）词无定类，但类有定职；（3）具有性质不同的聚合类，这样虽然做到了词有定类，但导致类无定职。语法学中分类上横竖不是的互相交叉情况，在中国逻辑史研究中用西方逻辑的一套术语分析古代中国人的推理时也碰上了。①

本书认为汉语中词无定类，与中国逻辑理论和思想中的"连珠体融归纳、类比和演绎于一体的错综的逻辑关系，用'互相发明'四字来概括，真是再确切不过了"②，它们之间的关系绝对不是偶然的。汉语词无定类，词、词组、句子没有明显界限，以及汉字所体现的既是概念、判断，又是推理的特征，无不时时处处影响着中国古人的思维样式，也就决定了他们的推理形式。透过连珠体，可以看到中国古代先人对推类的青睐与重视；透过这种推类的推理精神，又可以看到汉语言的民族精神。反过来，即是中华民族语言精神（或者语言世界）影响了

---

① 朱晓农：《秦人逻辑论纲》，见申小龙、张汝伦主编：《文化的语言视界》，上海三联书店1991年版。

② 王克喜：《"推类"问题散论》，载《华北水利水电大学学报》（社会科学版），2016年第2期。

中国先人的思维样式,对不同思维样式的选择又影响了对不同推理类型的发生、发展或选择。

连珠体是怎样体现了对推类的重视或者说是青睐呢?我们以沈剑英先生的精彩分析作为样本:①

臣闻目无尝音之察,耳无照景之神。(前提)
故在乎我者,不诛之于己;存乎物者,不求备于人。(结论)

"这是一则二段的连珠推论。……它是归纳,又兼有演绎,并寓类比于不言之中。从前提来看,通过耳目各有职守的归纳,可得出事物各有其功用而不能苛求其互易的普遍性命题,只是这普遍性命题被省略了。结论就是从这一省略的普遍性命题中演绎出来的。"在这一连珠体里,从前提的"假喻"到结论的"达旨"是推类。

臣闻春风朝煦,萧艾蒙其温;秋霜宵坠,芝蕙被其凉。(前提)
是故威以齐物为肃,德以普济为弘。(结论)

"前提首先归纳,以萧艾与芝蕙作譬,归纳的结论被省略了……然后以'人君不以贵贱革其赏罚'省略的类比结论为前提,演绎出了'威以齐物为肃,德以普济为弘'这一结论来。由此可以看到,这首连珠虽然只有前提与结论两段,但其前提具有归纳的性质,其结论则具有演绎的性质;前提与结论并不具有直接的推导关系,其间还隐含着一个类比的过程,类比的前提原来就是从归纳得出的结论,类比的

---

① 余下关于连珠体研究的引文均引自沈剑英:《论连珠体》,见《中国逻辑史研究》,中国社会科学出版社1982年版。

结论则又作了演绎的前提。而且其类比又是异类相比,与一般类比推理的同类相比显然不同。"这也是由前提推类出结论,而且是异类相推,这同上一首连珠的从前提推类推到结论是一致的,这就是说,对于一首连珠体来说,从前提到结论是推类而来的,这一点正是决定了这种推理的类型或性质的根本所在,不论前提如何归纳,如何演绎,也不管结论如何归纳,如何演绎,只要从前提到结论这一过程是推类,就决定了这种推理的推类性质。所以说,演连珠,说到底仍然是一种推类。

张岱年先生指出:"中国逻辑学不发达,先秦时代虽有名辩之探究,然书缺有间,无由征其全貌。演绎、归纳、辩证诸法,中国古来实多尝运用之,然讲明之者少。"① 其实,在中国先秦发展的逻辑推理中,应当说是推类占据着主导地位,而演绎、归纳则比较少。

逻辑学是研究推理的学问,作为人类文化现象的一个重要方面的逻辑推理具有共性的一面,也具有个性的一面。现实中的推理,由于所处的历史背景和文化背景的不同而各具特色。因此,以这些各具特色的逻辑推理为研究对象的逻辑理论和思想除了具有其共性的一面外,也一定具有其自身的特点,即个性。

由于受中国古代的语言的影响,中国先秦的逻辑推理也具有其自身的特色,因之,中国古代的逻辑理论和思想也一定具有它自己的特点。

---

① 张岱年:《张岱年文集》第 3 卷,清华大学出版社 1992 年版。

第二节　中国传统的逻辑理论与思想

逻辑学"和其他任何科学一样,是一种历史的科学"①。因此,逻辑学也必定会受到一定的历史条件的限制而呈现出一定的历史特征。中国古代的逻辑理论和思想由于受中国古代语言的影响,必然会打上中国古代语言的烙印,使得"作为世界逻辑史的组成部分来说,它(中国古代的逻辑理论和思想)具有科学精神和独特的逻辑语言结构。这种科学精神和语言形式的结合,在人类共同思想形式的逻辑中,具有一种独立的创造性"②。因而使得中国古代的逻辑理论和思想具有其自身的独特特点。中国古代的逻辑理论和思想特点很多,我们这里提出的特点,主要是指受语言影响所致而具有的特点。

一、形象说明与抽象概括的不平衡

由于受中国古代语言形象性的影响,中国古代的逻辑理论和思想在对推理的研究中往往把直观表象放在第一位,而逻辑抽象放在第二位,形成了即使是研究推理的理论也带有明显的形象性,也即是通过形象的说明,阐释一个十分抽象的理论,体现了重视形象说明而理论论述较弱的特征。例如对不矛盾律、排中律、同一律等思维规律的表述,就具有

---

① [德]恩格斯:《自然辩证法》,见《马克思恩格斯选集》第3卷,人民出版社1972年版。
② 汪奠基:《先秦逻辑思想的重要贡献》,见《中国逻辑思想论文集(1949—1979)》,生活・读书・新知三联书店1981年版。

很强的透过形象说明理论的特征。这一点正像西方的学者范诺洛萨所指出的那样:"你或许会问道汉文如何能从绘画似的书写建立起这样庞大的智性结构?对于一般西方头脑,这种功业似不可能,因为他们认为思想是与逻辑范畴有关,而逻辑是蔑视直接想象的功能的。但是汉语以它的特殊材料穿透了可见而达不可见的境地。"①

例如《韩非子·难势》中对不矛盾律的说明:

> 人有鬻矛与盾者,誉其盾之坚"物莫能陷也"。俄而又誉其矛曰:"吾矛之利,物无不陷也。"人应之曰:"以子之矛,陷子之盾,何如?"其人弗能应也。以为不可陷之盾与无不陷之矛,为名不可两立也。

对形象说明的重视,由于受形象的拘牵,很容易从具体事物,或者从例证出发去探讨更加抽象、更加深刻的理论。公孙龙的"白马非马"命题,意在从内涵和外延两个方面论证"白马"和"马"之间的同异关系,"在于从内涵和外延上揭示概念的种属差异关系,说明种概念和属概念在质和量方面各有自身的规定性(确定性)"②,"是中国最早论及'性质'之独立于存在之论,与柏拉图所述之理念说有近似处……就古代思想而言,乃是一重要进步"③。正是由于公孙龙从"白马"和"马"两个相对具体而形象的事物出发,探讨了一般与个别、属与种的关系,所以,有的研究者认为:"公孙龙的方法是大无畏地向常识挑战,他虽然没有明确指出应该在陈述中将'同一性'与'类属性'加

---

① 郑敏:《语言观念必须更新》,载《汉字文化》,1997年第4期。
② 李匡武主编:《中国逻辑史》,甘肃人民出版社1989年版。
③ 劳思光:《中国哲学史》第1册,三民书局1981年版。

以区别，但却在走向发展三段论的道路上迈出重要的第一步：将属性与实物分离，将不同角度抽取的类看作独立存在的。"① 公孙龙的这些逻辑理论和思想就是建基于具体的"白马"和"马"这两个概念上，从而引申出深刻的思想的。同样是公孙龙的文章，他的《指物论》就显得理论抽象程度很高。从整个先秦中国古代的逻辑理论和思想的发展来看，形象的说明和理论概括兼而有之，但二者之间存在着明显的不平衡，理论概括比较于形象说明较弱。

同亚里士多德的逻辑理论相比，我们自然也有"物莫非指而指非指"等抽象的理论概括的思想，但似乎抽象的程度还不很强，还不够具有普遍性的意义。我们只要翻开亚里士多德的《工具论》便可以立即感受到这一点。"三段论是一种论证，其中只要确定某些论断，某些异于它们的事物便可以必然地从如此确定的论断中推出。"② 这种理论概括，在中国古代的逻辑理论和思想中也存在，但不具有普遍意义，更多的倒是一些形象的说明，像《墨子》一书中的"援也者，曰：'子然，我奚独不可以然也？'"，"推者，以'其所不取之，'同于'其所取者'，予之也"。

把深奥的理论诉诸形象的说明，不失为一种可取的方法。它的好处是由浅入深，启发人思考；不足之处是难以深入下去，特别是对于学习这种理论的人来说，要想对这种形象说明的背后的理论深入地理解、领悟，往往与用形象说明来提出理论的研究者所期望的有一定的距离。公孙龙的"白马非马"理论就是一种典型的代表。理解者说它对中国古代的逻辑理论和思想作出了重大贡献，不理解者或者只停留在具体事物

---

① 金观涛、刘青峰：《为什么中国古代哲学家没有发现三段论》，载《自然辩证法通讯》，1986年第1期。
② 苗力田主编：《亚里士多德全集》第1卷，中国人民大学出版社1990年版。

上去理解，便很容易认为"白马非马"是诡辩。这恐怕也是造成中国古代逻辑理论和思想在先秦煌煌隆盛，而后世则冷冷清清的原因之一。

二、逻辑理论的明晰度不很强

中国古代的语言具有强烈的形象性、意会性，上下文的联系需要我们去"排比"一下才能明白，一个"而"字一会儿是表假设，一会儿是表转折，一会儿是表递进，一会儿也可以是表并列，不去好好地揣摩与体悟是很难理解的。再加上古代汉语没有标点符号，只有句读（语气间隔），所以理解起来非需要意会不可。由于受语言的这种意会的影响，中国古代的逻辑推理也向着这个方向发展，像推类，它的思维过程就不是充分条件的必然推出，而是从这一件事情上说到另一件事情上。因此，以这种类型的推理为对象的中国古代的逻辑理论和思想，在语言的表述上，也具有强烈的意会性特征，从而使得中国古代的逻辑理论和思想在理论的表述上明晰度稍差。例如《墨经》对于"达、类、私"并没有确切的定义，只《经说》有如下的解释："名：物，达也。有实必待之名也命之。马，类也，若实也者必以是名也命之。臧，私也，是名止于是实也。"这是就事论事，是依靠具体的实例来说明理论的，没有具体的标准可作依据，必须从"物""马""臧"三个"名"的外延范围去理解什么是"达""类""私"。

关于判断的理论也是这样。《墨辩》中的"或也者，不尽也"（《小取》），既可以指今天所谓的"特称判断"，又可以指"选言判断"，甚至"选言推理""或然判断"。无独有偶，《墨辩》中的"假，今不然也"，既被理解成今天所谓的"假言判断"，又被理解成"假言推理"。那么，这个"假"和"或"到底指的是什么，只能去意会，失去了作为一种科学理论的明晰性的要求。正如林语堂在《中国人》一书中所指出的那样:"中国作家先提出一两个论点,然后即刻提出结论。在读他的文章时,你很少看到他是怎样得出这个结论的,他的论点与论据从来都不很长,你突然看到他已经领悟到了什么在作结论了。……比如顾炎武(1613—1682)的《日知录》,给这类文章赢得了很高的声誉,当然不是由于其中的逻辑论证,而是由于他的观点的正确性。而这种正确性只能由后来表示赞同或反对。顾炎武笔记中即使是两三行的观点,也往往是几年潜心研究之所得,是再科学不过的东西。"①

中国古代逻辑理论和思想中的这种理论明晰度不很强的特点,对于继承和发扬中国古代的逻辑理论和思想是极为不利的,诚如尚志英在谈到"假"式推理和"或"式推理时指出的那样:"它们究竟分别是假言命题和选言命题呢,还是假言推理和选言推理?晦暗不彰,难以说清。关键性一句话究竟是指命题还是指推理都难以断清的情势在西方逻辑里恐难寻觅。……先秦逻辑这方面的失落每每导致治中国逻辑史者如坠五里雾中不知所向。对于先秦逻辑家的某条语录,后学们往往会提出众说纷纭的讲法和莫衷一是的解释。令人不胜扼腕的是,此类遭际当下存在,今后还将延续下去。"②

三、以推类为中心

由于受中国古代逻辑推理中所存在的大量推类似的推理的影响,中国古代的逻辑理论和思想体现了以推类为中心的特征。正如我们前述的

---

① 林语堂:《中国人》,学林出版社 1994 年版。
② 尚志英:《中西逻辑在命题和推理理论方面的学术差异》,见《现代逻辑与逻辑比较研究》,开明出版社 1992 年版。

那样，在《墨辩》中所研究的推理方式有很多是与推类相关联的，《墨辩》甚至把"类"作为"三物辩式"的组织的重要组成部分之一："夫辞，以故生，以理长，以类行者也。……夫辞以类行者也，立辞而不明于其类，则必困矣。"（《大取篇》）人们之间进行辩论，首先就必须对所立之辞的类属弄清楚，不能明白所立之辞的类属，就失去了辩论的基础，也就无法与他人争"彼"了。因而"三物必俱，然后辞足以生"。由此可见"类"在《墨辩》中的地位和意义，也同时可见"类"在先秦逻辑家那里的意义和地位。《墨辩》还对"说"进行了分析，认为"类"是"说"的根据和"取""予"的标准，所谓"以类取，以类予"者也。事物之间具有同类关系，才能进行同类相推、相比。如果是异类就不能相比相推。由于古人深信"以类行杂，以一行万；始则终，终则始，若环之无端也。天地者，生之始也；礼义者，治之始也；君子者，礼义之始也。……君臣、父子、兄弟、夫妇，始则终，终则始，与天地同理，与万世同久，夫是之谓大本"（《荀子·王制》），从而事物之间的相类也就是必然的。由于万事万物之间具有一定的相类性，所以，人们可以"欲观千岁，则数今日；欲知亿万，则审一二；欲知上世，则审周道；欲知周道，则审其人所贵君子。故曰：以近知远，以一知万，以微知明"（《荀子·非相》）。

由于先秦诸子十分重视"类"与"类"之间的互推关系，因而便产生了"辟"（譬）"侔""援""推""连珠"等具体的推理形式，形成了先秦思维中以推类为主导的推理格局。对这种具体推论方式的研究，使得中国古代的逻辑理论和思想带有明显的突出的推类倾向。《墨辩》中对"辟""侔""援""推"都作了定义，上升到了理论的高度，可以说是对这一时期逻辑推理的理论性总结。

辟也者，举他物而以明之也。

侔也者，比辞而俱行也。

援也者，曰："子然，我奚独不可以然也？"推也者，以其所不取之，同于其所取者，予之也。

在一般研究者公认的墨经的推理形式中，除了"辟""侔""援""推"外，"效""止""擢"也具有"同类以取"或"同类以不取"的性质。根据沈有鼎先生的研究，"效"是"同'法'的事物必然'同类'"，"这些方物全都相类，因为不论怎样不同，总还是方（犹方也）。不但方形如此，其他事物也都如此"。①"止"是既然对方所要证明的与我所要推翻的乃是同一内容，那么我的例子必须真是与对方的例子'同类'，即两者必须都是关于'指斥他人之非'这一问题的，这样才能针锋相对。②"擢"，由"臧"得某病死，而"寿"又得了这种病，"既然我们确定知道'寿'同'臧'一样也得了这病，那就是没有任何征象可以作为怀疑的根据了。"③ 这其实是典型的推类，"寿"和"臧"都是人，即为同类，"臧"得了这病，"寿"也得了这病，"臧"死了，那么结论，"寿"也要死。推理的结构可以理解为：

已知：A 和 B 同类

A 具有性质 X

结论：B 也具有性质 X。④

---

① 沈有鼎：《墨经的逻辑学》，中国社会科学出版社1980年版。
② 沈有鼎：《墨经的逻辑学》，中国社会科学出版社1980年版。
③ 沈有鼎：《墨经的逻辑学》，中国社会科学出版社1980年版。
④ 刘培育：《类比推理的本质和类型》，见《形式逻辑研究》，北京师范大学出版社1984年版。

先秦诸子的推类，同西方传统逻辑的类比推理的要求相比，有一些相同的地方，也有很多不同的地方。西方传统逻辑要求，两个或两类事物在某些属性上相同，从而推知它们在另外的属性上也相同。而先秦诸子的推类则首先强调两个事物必须同类。类同是进行推类的必要的首要的条件，没有类同这个基础便什么结论也推不出来，也即"异类不比"（这里的"比"字似乎不应该理解为比较，而理解为推理似乎更加合适，更符合中国古代的逻辑理论和思想的推类性质）。

因此，本书认为，先秦逻辑理论和思想受推理类型上的拘牵，意在发展一种推类的逻辑理论和思想，而且这种推类理论和思想之丰富、多样，诸如"辟"（譬）"侔""推""效""连珠"等确是中国古代逻辑理论和思想的中心，这是其他逻辑理论和思想所无法比拟的，这也充分证明了中国古代逻辑理论和思想发展的推类思想是成功的，既体现了自身的个性发展，又为世界性的逻辑理论和思想增添了丰富的内容。

四、重问题研究，轻形式概括

胡适先生在其所著《中国哲学史大纲》里对《墨辩》的逻辑理论和思想曾做过这样的评论："有学理的基本，却没有法式的累赘。"这确确实实是抓住了中国古代逻辑理论和思想的一个重要特征。研究中国古代逻辑思想史，我们都有一个非常突出的感受，那就是：先秦的逻辑家们在考察研究逻辑推理时较少对逻辑结构进行精确的分析，似乎对逻辑推理的形式不感兴趣。尽管先秦的逻辑家们也研究了很多逻辑理论问题，诸如概念、判断、推理等，也形成了相应的一定的体系，其中有些理论和思想的研究甚至非常精彩，如"名"的研究。也正是因为先秦的逻辑理论和思想对"名"关注甚深，后世因而称中国古代的逻辑理论和思想为"名学"。但是,先秦的逻辑理论和思想似缺乏形式上的概括、分析和总结。这也应该说与中国的语言结构有着密切的关系,古代汉语的非形式化形态,必然影响到中国古代的逻辑推理的形式结构。"中国语言是文法学、语义学和语用学的三者合一。文法是约定俗成的结果,在语用上表现出来。语用中有内在的法,内在的义,义可变成形象语言。中国语言没有所谓格、动词形态、助词形态的区别。"①

由于中国语言没有格、时态的变化,也由于"中国言语上没有语尾变化,以致主语与谓语不能十分分别"②,说得确切些,是主语同宾语无法从格上区别开来,以及缺乏主谓结构,所有这些特征,使得汉语句子在组成推理的时候无法加以形式化。美国夏威夷大学的成中英先生认为中国的语言决定了中国传统的思维样式,中国的传统思维样式又决定了中国的语言。汉字这种无声而又形象的语言本身就携带有大量的文化信息,或者说是意义。这种语言特性在一定程度上决定了中国先哲们在思维的过程中,思维样式的取向上不大容易产生出形式化的方法,或者换句话说,它根本用不着也不需要形式化的方法。

有的研究者认为中国古代的逻辑理论和思想中没有形式化、公理化成分,认为亚里士多德逻辑吸收了古希腊数学中的公理化、形式化以及证明等方法,而中国古代的逻辑理论和思想没有利用或者说引进数学知识。③ 其实,中国古代的数学研究,也同中国古代的逻辑理论和思想研究一样,重视具体问题的研究,缺乏形式化、公理化的方法。季羡林先生说:"后来,我看了一本书,是中国科学院一个有名的数学家、大数学家吴文俊教授,他给《九章算术》写了一篇序,他就讲,数学(吴文俊教

---

① 张岱年、成中英:《中国思维偏向》,中国社会科学出版社 1991 年版。
② 张汝伦编选:《理性与良知——张东荪文选》,上海远东出版社 1995 年版。
③ 李匡武主编:《中国逻辑史》,甘肃人民出版社 1989 年版,序言。

授并不搞哲学,也不搞什么中西文化,他就是数学家),东方的数学与西方的不一样。西方的数学从公理出发,亚里士多德三段论法:凡人必死,张三人也,故张三必死,它从公理出发。立一公理:凡人必死,凡人怎么怎么样,下面演绎。中国呢,是从问题出发,从实际出发,所以中国数学的发展,不是从公理来的,是从问题来的,是从实际来的。这是吴文俊先生的意见。"①"就以数学而论,数学发展本身要求其抽象性比较高,可是中国古代数学家似乎也缺乏一种纯理论的兴趣,因而始终没有掌握纯粹靠公理为基础的证明技术,而只是为了解决一些实际应用的专门问题,比如《九章算术》,每一章解决一类问题,每一类问题采用一种方法,其中讲方田(土地丈量)、商功(工程审计)、勾股(三角形)都涉及几何学方面的问题,但它却不讲点、线、面、体之间的逻辑关系,而只讲如何计算。所以学习的人只懂得计算而不懂得原理。"②

从中国古代的逻辑推理实际来看,以推类为主的中国古代的逻辑推理的结构由于受思维实际的影响,可长可短,可大可小,可简单,也可复杂,自由舒展,没有程式。例如连珠体,前提中可以引进两个故事,也可以引进三个、四个、五个,甚至八个、九个故事作为依据,使得结构伸缩自如,没有定式。所以,以这些推理为研究对象,总结中国古代逻辑推理的中国古代的逻辑理论和思想中也不很具有形式化的思想,这不是什么短处,而是由一定的逻辑推理实际决定的,我们只能从历史的角度去分析古人的逻辑理论和思想,没有必要对他们的理论和思想求全责备。中国古代的逻辑理论和思想的这些特征,充分显示了逻辑理论和思想的多元性、丰富性和无穷的魅力,它必将推动世界逻辑理论和思想的发展。

---

① 季羡林:《对21世纪人文学科建设的几点意见》,载《文史哲》,1998年第1期。
② 张岱年、成中英:《中国思维偏向》,中国社会科学出版社1991年版。

第八章　论逻辑的个性

逻辑学作为一定的历史的产物，作为一种文化现象，会有其产生和发展的独特的历史条件，而这些独特的历史条件又使逻辑学具有各自的独特性或特殊性。中国古代的逻辑理论和思想、古代印度的因明以及古希腊亚里士多德的逻辑学由于其受不同的历史时期的政治、经济、文化、伦理、科学技术，特别是受与思维紧密联系的语言条件的影响，而使得这三大逻辑除了具有很多共通、共同的地方外，还有很多彼此不同的地方。我们应当从历史的角度去考察中国古代的逻辑理论和思想，在看到它与古希腊亚里士多德逻辑、与古代印度的因明相同的同时，还应当能够看到它们之间彼此独特的地方。"逻辑史也和其他历史科学一样，是通过由大量个别性因素所呈现的历史的东西，去认识这门科学的内在结构及其历史发展的规律性的，这是逻辑史作为历史科学的最重要的价值，它对于人们总结过去、面向未来，以指导现在的逻辑学研究，无疑是意义重大的。"① 正是在这种思想指导下，我们认为探讨中国古代逻辑理论和思想的特点有其相应的重要意义。

---

① 李匡武主编：《中国逻辑史》，甘肃人民出版社1989年版。

一、从《马氏文通》到《逻辑指要》

著名的语言学家王力在《中国语言学史》中明确指出中国古代没有系统的文法学、语言学,而只有考文订字的语文学。王元化先生认为中国汉代以前没有任何理论科学。所有这些都表明中国古代理论科学发展的不足。因此,我们也认为中国古代并未形成十分完整的、系统和完善的逻辑科学体系,但确确实实发生发展了很多逻辑理论和思想,诸如推理理论、概念理论、论证理论等。

从逻辑学发生发展的历史来看,逻辑学的产生总是伴随着广义语言学即语法学、修辞学的产生,逻辑学与语法学总是具有交叉的研究对象,甚或是同一对象,只不过是研究的目的不同罢了。逻辑学与语法学分道扬镳只是在中世纪以后的事。在中国,众所周知,系统的汉语语法研究的历史应从《马氏文通》的出版开始。在这短短而又漫长的一百余年里,中国语法学的研究已经有了长足的发展,但是《马氏文通》对中国语法界的影响却是深远的。这种影响有正面的、积极的,也有负面的、消极的。就正面的、积极的意义来说,《马氏文通》开中国语法研究的先河。系统的语法理论曾经使中国的语言学工作者耳目一新,它深深地影响了王力、陈望道、吕叔湘、黎锦熙等一大批语法工作者,并在他们的努力下,形成了以西洋语法的特征为主的汉语语法学。就其负面的、消极的影响而言,"然而汉语和英语的现行语法体系之相似,却又大大超过别的语法体系之间的相似。汉语的一些语法学家还嫌相似得不够,还希望通过比较研究,使两种语法体系'一致起来'。一些共性论者更认为,中国语法研究成果不大,其原因并非是模仿主义干扰,恰恰相反,是因为语法研究者极大忽视了、或者说没有能够透过中西语言表面上的相似之处发掘出深层的共同性，因而要把研究共性作为'中国语言学的当务之急'"①。

运用西洋文法研究而建立起来的汉语语法学事实上已使汉语语法中的词、词类、句子、主语、宾语等基本范畴历经几十年的论争而仍然无法获得合理的解释。正如张世禄先生在《关于汉语的语法体系问题》一文中所指出的那样："汉语语法学的建立，从开始到现在，已经快要一个世纪了。在这八九十年中间，研究和学习汉语语法的，几乎全部抄袭西洋语法学的理论，或者以西洋语言的语法体系做基础来建立汉语的语法体系。"以致在词类、结构形式、句子类型这三方面的洋框框，"好像是三条绳索，捆着本世纪的汉语语法学，使它向着复杂畸形的方面发展"②。中国语法学的研究由于受《马氏文通》的影响，始终摆脱不了西洋语言研究的羁绊，这恐怕是马建忠先生当初苦心撰写《马氏文通》所始料不及的。进入 20 世纪八九十年代以来，中国的一些语法学家清醒地意识到了这一点，他们在汉语人文精神、汉语的文化特征以及汉语所反映的民族思维特征等方面努力开拓着自己的汉语语法研究，努力建构不同于西洋语法的汉语语法体系，并取得了一定的成果。

无独有偶，在西学东渐或者说是在借鉴西洋文化的过程中，逻辑学在中国的输入和发展有很多地方与语法学在中国的发生发展具有惊人的相似之处。逻辑学在中国的输入和引进自始至终都是在"逻辑起于欧洲，而理则吾国所固有"③ 的局面下进行，认为"人类逻辑思维的形式及其规律也必然是一致的、共同的"④。于是，章士钊先生便"以欧洲

---

① 潘文国：《比较汉英语语法研究史的启示》，载《语言教学与研究》，1996 年第 2 期。
② 张世禄：《关于汉语的语法体系问题》，载《复旦学报》（社会科学版），1981 年第 S1 期。
③ 章士钊：《逻辑指要》，生活·读书·新知三联书店 1961 年版。
④ 彭漪涟：《中国近代逻辑思想史论》，上海人民出版社 1991 年版。

逻辑为经,本邦名理为纬,密密比排,蔚成一学,为此科开一生面"①,写成《逻辑指要》一书。《逻辑指要》的写作同《马氏文通》"钧是人也,天皆赋之以此心之所以能意,此意之所以能达之理","常探讨画革旁行诸国语言之源流,若希腊、若辣丁之文词而属比之,见其字别种而句司字、所以声其心而形其意者,皆有一定不易之律。而以律吾经籍子史诸书,其大纲盖无不同"② 如出一辙,情形之相似使人吃惊。《马氏文通》功在模仿,使中国有了第一部系统的语法著作。"自马氏著文通而吾国始有文法书,盖近四十年来应用欧洲科学于吾国之第一部著作也。其功之伟大,不俟论也。"③《马氏文通》的过也在模仿,他的"以洋人之本,谋华民之生"的抱负同西方普遍唯理语法的认识相拍合,《马氏文通》一书出,则"中国传统的虚字、句读释经之学就这样在具有时代责任感,自觉肩负起在思想文化领域披荆斩棘、拓荒播种任务的维新派手中戛然而止。代之而起的是面目全非的西方语言理论体系"④,导致了中国"文化断层",以致时过近百年,中国的语法学界蓦然回首,寻找中国语言的独特所在,苦苦追求具有汉语特色的语法学。

逻辑学的引进与输入,与语法学的引入有可相比较的地方。严复翻译《穆勒名学》《名学浅说》,同马建忠的想法一样,意在救国救民。严复认为学习西方科学技术固然重要,但更重要的是学习西方科学技术研究的方法和门径。他说:"如汽机兵械之伦,皆其形下之粗迹,即所谓天算格致之最精,亦其能事之见端,而非命脉之所在。其命脉云何?苟扼要而谈,不外于学术则黜伪而崇真,于刑政则屈私以为公而已。"⑤

---

① 章士钊:《逻辑指要》,生活·读书·新知三联书店1961年版。
② 转引自申小龙:《语文的阐释》,辽宁教育出版社1991年版。
③ 转引自申小龙:《语文的阐释》,辽宁教育出版社1991年版。
④ 转引自申小龙:《语文的阐释》,辽宁教育出版社1991年版。
⑤ 严复:《论世变之亟》,胡伟希选注,辽宁人民出版社1994年版。

对比中西学术研究方面的差异，"吾国向来为学，偏于外籀，而内籀能事极微"①。"旧学所以多无补者，第其所本者，大抵心成之说，持之似有故，言之似成理，媛姝者以古训而严之，初何尝取其公例，而一考其所推概者之诚妄乎？此学术之所以多诬，而国计民生之所以多病也。"②

严复翻译西方逻辑学著作，除了上述原因外，还由于他认为中国古代没有系统的逻辑学，意在引进这一被培根称作"一切法之法，一切学之学"的西方治学的根本，改变中土学术研究的风气。孙诒让成《墨子间诂》一书，为研究《墨经》中的逻辑思想提供了可能，梁启超、章太炎等训诂大师更是千淘万漉，欲从《墨子》一书中找寻出西方的逻辑学来。他们的研究成果有目共睹，没有他们的比较逻辑的研究，就没有今天的中国逻辑史的研究（这是在一定程度上而言）。但他们的研究也确实存在很多不妥帖之处，胡适就专此批评了章太炎的做法，指出"这种演绎法的理论不需要三段式的形式，只需要故必须与法一致"③。我们反对"东亚向无论理学，有佛家所谓因明者略似之。我国古时所谓名家似是而非"④的观点，但我们也必须承认中国古代的逻辑理论和思想与亚里士多德的逻辑学确实存在着很多不尽相同的地方。胡适先生就强调了墨家逻辑理论和思想与亚氏逻辑学在形式上的差别，所谓"（墨家逻辑）有学理的基本，却没有法式的累赘"。

后《逻辑指要》一书出，"第一次用系统讲述传统逻辑内容的专著的形式，就传统逻辑（或普通逻辑）科学领域内的所有问题进行了有

---

① ［英］耶方斯：《名学浅说》，严复译，商务印书馆1981年版。
② ［英］穆勒：《穆勒名学》，严复译，商务印书馆1981年版。
③ 胡适：《先秦名学史》，学术出版社1983年版。
④ 蒋维乔：《论理学讲义》，见彭漪涟：《中国近代逻辑思想史论》，上海人民出版社1991年版。

关中外逻辑思想、逻辑理论的系统对比分析和对照解释"①，这是该书的贡献，同时也带来了该书的不足："'以欧洲逻辑为经，以吾国名理为纬'的这种中西逻辑思想、逻辑理论的结合和融合，实际上只不过是将中国古代的逻辑思想和逻辑理论纳入西方逻辑的框架之中，也就是运用中国古代逻辑思想和逻辑实例去说明和解释西方逻辑体系的基本思想和理论而已。这就势必在一定意义上要抹杀中国古代逻辑思想和逻辑理论的特点，把那些不可能为西方逻辑体系所包括的具有中国特色的思想和理论有意或无意地忽视或忽略。因此，这样的'融贯中西'实际上是以'西'统率'中'，使'中'从属'西'"②。

随着西方逻辑引进的逐步深入，"逻辑之名起于欧洲，而逻辑之理存乎天壤"的思想在我国文化界很快占了上风，中国逻辑思想史的研究也就因此而兴起了比附参同的研究之风，《墨辩》等中国古代的逻辑理论和思想也被解释成了西方传统逻辑的中国型。冯友兰先生曾非常形象地把这种比附参同的做法称作秀才候榜："我说中国人现在有兴趣之比较文化之原因，不在理论方面，而在行为方面；其目的不在追究既往，而在预期将来。因为中国民族，从出世以来轰轰烈烈，从未通见敌手。现在他忽逢劲敌，对于他自己的前途，很无把握。所以急忙把他自己的既往的成绩，及他的敌人的既往的成绩，比较一下，比较的目的，是看自己的能力，究竟毂不毂。这一仗是不是能保必胜。好像秀才候榜，对于中不中毫无把握，只管把自己的文章反复细看，与人家的文章反复比较。若是他中不中的命运已经确定。那他就只顾享那中后的荣华，或者尝那不中后的悲哀，再也不把自己的文章，与人家的文章反复

---

① 彭漪涟：《中国近代逻辑思想史论》，上海人民出版社1991年版。
② 彭漪涟：《中国近代逻辑思想史论》，上海人民出版社1991年版。

比较了。"①

亚里士多德的逻辑体系的形成和完善是建基于西方文化背景的氛围之中，可以说它是西洋文化、西洋文明的产物。而我们有时却以为好像亚里士多德的逻辑体系也应发生、存在并发展于世界所有的文明，所有的文化，所有的语言体系，所有的思维样式，甚至于所有的民族的思维的实际之中。实际上，章士钊的《逻辑指要》也还是多少注意到了西方传统逻辑与汉语之间的不协调，并指出："中国语言，往往包括相反两面。……凡出语两意兼收，令相克而相成，诸如此类，不胜枚举。"②可惜的是，我们后人对此却未能给予足够的注意，使得我们中国古代逻辑理论和思想的研究在一定程度上偏离了汉语的实际情况，偏离了古代先人们的逻辑思维的原来面貌，或者说没有能够突出中国古代逻辑理论和思想的特点。其实，说思维是全人类的，逻辑学也具有普遍性或共性，这并没有什么问题，但要看是在什么层次上，从什么角度上去说思维是全人类的，逻辑学具有普遍性。

我们认为，思维和逻辑学，都是人类极为重要的文化现象，不同民族之间有共同性，但也具有特殊性、个别性，不能只强调共性而忽略忽视了个性，或者只强调个性而忽略忽视了共性。我们都承认中西语言上有差异，因而思维样式上也有距离，思维中推理类型也参差不齐，如果就这些情况而言，就不太好说思维是全人类的，逻辑学也是全人类一致的。因此，以具体的不同民族的推理为研究对象的各自独立产生的三大逻辑应该既有共通、共同之处，也同样应该具有其各自不同的民族特征。这正如季羡林先生指出的那样："这（指吴文俊教授所谈的中西数学上的差异）证明不但人文社会科学中、西不一样，就连自然科学也

---

① 冯友兰：《三松堂学术文集》，北京大学出版社1984年版。
② 温公颐主编：《中国逻辑史教程》，上海人民出版社1988年版。

是中、西不一样。这个不一样,并不是说中国就能 2 + 2 = 5,不是这个意思,而是说西方是从公理出发,中国是从问题出发,从实际出发。"①

二、普遍语法与普遍逻辑

不单单在逻辑学研究中出现过逻辑学是全人类的思想,就是在看来区别非常之大的语言学研究中,也出现过相类似的"普遍语法"的思想,此二者之间的比较会给我们的问题研究提供一些有益的启示。

17 世纪,随着唯理主义哲学流派的出现,语言学的研究出现了一股语法逻辑化潮流,研究语法的人们倾向于把一切语言的语法范畴都看成是逻辑范畴的体现。如果语言的某些现象与逻辑的公式相出入,就会被认为是不合理智而应该彻底消灭。逻辑成了语言研究的尚方宝剑,成了一切语言研究的水准。唯理主义者努力使语言法典化,强行规定一些十分严格的法规,使语言呆板、教条、缺乏生气,语言变化已几乎不可能。倘若有语言现象超越出法规的范围,就会被认为是使用错误或归咎于人的理智的不完善。唯理主义在语法研究方面导致了普遍语法(也叫理性语法、哲学语法)的产生。

第一部《普遍唯理语法》是由僧侣学者克洛德·朗斯洛和安东·阿尔诺在巴黎近郊的波尔洛瓦雅尔修道院编写而成,1660 年在巴黎用法语出版,因此该语法也被称作波尔洛瓦雅尔语法。

朗斯洛和阿尔诺在他们的著作中努力去创设"一切语言共用的原则及其存在主要差异的原因"。他们的学说的理论基础是笛卡尔(笛卡尔派)哲学。他们把语法与逻辑联系起来,甚至等同,认为如果语言

---

① 季羡林:《对 21 世纪人文学科建设的几点意见》,载《文史哲》,1998 年第1 期。

表达思维，那么语言范畴就应该是思维范畴（逻辑范畴）的体现。他们十分强调逻辑学在语法研究中的作用和地位，认为逻辑学应该成为一切语法研究的依据，并且语法应该是理性的、逻辑的。既然说逻辑是全人类的，那么由此观点出发，语法也应该是全人类共同的（共通的），普遍的。尽管各民族语言形形色色，千奇百怪，但所有这些语言的语法都可以依据逻辑而化归为一，所以，建立各种语言独立的语法在哲学上是缺乏依据的，在逻辑上也是不能成立的，而创设普遍语法就成了当务之急。

《普遍唯理语法》一出，在当时颇受好评，众多的语法书竞相效仿。这种影响是深远的，它的唯理主义原则在 19 世纪上半叶的语法著作中仍屡见不鲜，例如 1836 年在德国出版的《德语详解语法》（卡·费·贝克尔）就是依据黑格尔的逻辑概念为基础框架的普遍语法著作；1858 年出版的《俄语历史语法》（费·伊·布斯拉耶夫）也是依据逻辑学定义去解释词和句子。

普遍语法的提出，可以说是普遍逻辑思想在语法研究中的映射。所谓普遍逻辑就是认为逻辑学是全人类的，对任何民族的思维、对任何民族的语言都是普遍有效的、正确的。在西方逻辑史中，普遍逻辑一词并不多见。最早当属古罗马和中世纪为注释古希腊亚里士多德的著作而出现的《关于普遍逻辑问题》（*In Universal Logical Questions*）的文章。以前的研究者都认为是约翰·邓斯·斯考特的著作，在 1639 年卢克·瓦丁（Luke Wadding）出版的邓斯·斯考特著作的第一卷中可以找到这篇论文。威廉·涅尔和玛莎·涅尔所著的《逻辑学的发展》认为该文为伪斯考特的作品。《关于普遍逻辑问题》一书对波菲利《导论》和亚里士多德《工具论》（除了《论辩篇》）提出的问题进行了一系列的讨论。

如果说《关于普遍逻辑问题》是普遍逻辑思想在西方的表现，那么像"寻逻辑之名,起于欧洲,而逻辑之理,存乎天壤。其谓欧洲有逻辑,中国无逻辑者,瞀言也"① 则是中国式的普遍逻辑。我们研究中国逻辑史仍然是在走"以欧洲逻辑为经,本邦名理为纬,密密比排"的路子,通过比附,硬是要在先秦典籍中挖掘出和亚里士多德一模一样、完全相同的逻辑学来,似乎如果中国古代不存在亚里士多德式的逻辑学,那么中国人就矮人一等似的。于是墨子俨然成了亚里士多德,"名"即是概念,"辞"即是西方逻辑学的判断,"说"便成了论证、推理。这种比附,连非常热衷于把中国古代的逻辑理论和思想同亚里士多德逻辑学相比较的梁启超也觉得有些削足适履之疑惑:"近人或以经文全部,与印之因明、欧之逻辑同视,子武以为……经说虽往往应用辩术,然并非以释辩为主。若事事以因明、逻辑相附会,或反有削趾适履之虞。"②"这种一味认同的比照对应,很难避免牵强比附的成分,也很难对墨家辩学有别于西方传统逻辑的特质所在和决定这种特质的社会与文化背景,给予特别的关注并作出令人信服的剖析。"③

在当代,乔姆斯基接过普遍语法的思想,认为语言学研究的是人类的心智掌握的和运用语言的那部分机制,他要探索的重点不是讲话人的种种语言表现,而是要通过这些表现来确定讲话人头脑里的那部语法。而且这内在的语法也不是他要探索的最终目的,他要探索的最终目的是要通过分析说话人的内在语法机制来揭举出不管讲什么语言的人都必然具有的那种语法——普遍语法。乔姆斯基断定在每个儿童的头脑里必定生存有一部普遍语法,这部普遍语法的形式是一系列语言结构的必然条

---

① 章士钊:《逻辑指要》,生活·读书·新知三联书店1961年版,自序。
② 梁启超为张其煌《墨经通解》所作的序,转引自李先焜:《章太炎、梁启超、章士钊的中西逻辑的比较研究》,载《湖北大学学报》(哲学社会科学版),1988年第3期。
③ 崔清田主编:《名学与辩学》,山西教育出版社1997年版。

件,它规定了人类语言所必定具有的大致框架。

然而,在语言的研究中,哪些是可以归为普遍语法的,哪些是可以归为具体语法的,在目前并没有一个客观的鉴定标准。具体语法与普遍语法之间缺乏明晰的有效的界限。语言世界观理论非常清楚地告诉我们,汉族和英语民族,一个在东方,一个在西方,一个是以农垦为主的民族,一个是以游牧和海洋生活为主的民族。两者的"世界观"应该是很不相同的,而一般学习外语的人经过初步接触,直感也会告诉他两种语言差距非常之大。用语言学家、英语专家许孟雄的话来说,叫作poles-apart languages。① 西方的语言学家,如洪堡特、萨丕尔、斯威特、高本汉等,都把汉语与英语看作是差异极大的语言类型。但是,现行汉语与英语语法体系之间的相似,却又大大超过别的语法体系之间的相似,确实令人吃惊,令人疑惑。个中的缘由不能不引起我们的深思。

乔姆斯基的生成语法不仅带来了语言学"革命"式的巨大变化,并且在整个人文科学领域内引起了广泛的注意。尽管乔姆斯基积四十年之研究,初衷不改,但他的普遍语法理论仍然是一个待证的假说,对这个问题似乎仍未能得到圆满的解决。相反,印度狼孩的故事,却又像是一记致命的打击,使他的理论基础遭到毁灭性的动摇。本书认为不管普遍语法也罢,普遍逻辑也罢,都只能是相对的,而不是绝对的,都必须从相应的具体的语法、具体的逻辑理论和思想中概括出来,并以具体的语法、具体的逻辑理论和思想的存在作为自己存在的前提。没有具体的语法,就不存在普遍的语法,同样,没有具体的逻辑理论,就没有普遍的逻辑学,反之亦然,因为"普遍"与"具体"是相互依存、辅车相依的关系,不能只强调一方的存在,而忽视另一个方面的存在。

---

① 张今:《英语句型的动态研究》,河南大学出版社1990年版。

三、逻辑的个性

半个多世纪以前,金岳霖先生在为冯友兰先生著的《中国哲学史》写的《审查报告》中,用了很大篇幅谈了他对中西比较哲学问题的看法,这些看法,对我们今天研究中国古代的逻辑理论和思想具有十分重要的指导意义和借鉴意义。金岳霖先生指出:"现在的趋势是把欧洲的论理当作普通的论理。如果先秦诸子有论理,这论理是普通的呢?还是特别的呢?这也是写中国哲学史的一先决问题。"① 半个多世纪后的今天,西方的逻辑学的全人类性、普遍性仍在困扰着我们的逻辑学研究,困扰着中国古代的逻辑理论和思想的研究。尽管有的研究者意在努力走出比附的困境而大声疾呼:"如果中国古代名学与辩学的对象、性质与内容,均与西方传统形式逻辑一致,那么名学与辩学就是逻辑。如果中国古代名学与辩学的对象、性质与内容,不与西方传统形式逻辑一致,那么名学与辩学就不是逻辑,或不是指称西方传统形式逻辑意义上的逻辑。这是讨论'中国逻辑史'的一个根本性的先决问题。"② 然而金先生的话并没有在很大程度上引起我们的注意和反思,正因为此,我们强调在研究逻辑学共性的同时,必须加强逻辑学个性的研究。

我们这里提出逻辑学的个性与共性问题,不是要否定逻辑学的共同性,相反,我们认为只有有了逻辑学的共性,才能去理解逻辑学的个性,反之亦然。就逻辑学本身前言,它是一个共性与个性相统一、共性与个性分层级的系统,即一种逻辑学既包含有为所有或其他逻辑学所共有的一些规律,又包含有为一种逻辑学所独有而其他逻辑学所不具有的

---

① 冯友兰:《中国哲学史》(下册),中华书局1961年版。
② 崔清田主编:《名学与辩学》,山西教育出版社1997年版。

特征。套用时下时髦的说法：只有个性的，才是共性的；只有民族的，才是世界的。在这里，逻辑学的个性和共性相互渗透，相互过渡，相互依赖，共同交织成一种逻辑系统，共同构成世界逻辑学的整体。正如恩格斯所指出的那样："事实上，一切真实的、详尽无遗的认识都只在于：我们在思维中把个别的东西从个别性提高到特殊性、然后再从特殊性提高到普遍性。"① 关于这一点，列宁也指出了共性与个性之间的相互依存、相互转化的关系："从一定观点看来，在一定条件下，普遍是个别，个别是普遍。"②

在语言学史上，从17世纪的波尔洛瓦雅尔语法直到今天的乔姆斯基的转换生成语法（普遍语法），从公元前4世纪的巴尼尼语法到当代的描写语法学（具体语法、个别语法）之间的争论推动了语言学的深入发展，二者的存在价值是显而易见的。因此，对于逻辑史的研究乃至对于整个逻辑学的研究，不能只停留在所谓的"普遍逻辑"的层次上，这样做只会使逻辑学停滞不前，而必须注重在具体逻辑学（逻辑个性）的研究上，通过对具体逻辑学的研究，从而丰富人类的普遍的逻辑思想和理论。"如果研究中国逻辑史不但要注意总结中国古代逻辑和国外逻辑在逻辑本质方面的共同点，而且要注意于发展中国古代逻辑在表现形态、内容及其发展规律的不同点时，这就是说，如果能发现古代中国人不但有一个和其他国家相同的逻辑思想，而且还有一个和其他国家不同的具有中国特色的逻辑思想时，那么世界逻辑史就会变得丰富多彩，这自然是人们盼望的。"③

其实，中国古代的逻辑理论和思想有很多与西方传统形式逻辑相异

---

① 《马克思恩格斯选集》第3卷，人民出版社1972年版。
② 《列宁选集》第38卷，人民出版社1972年版。
③ 李匡武主编：《中国逻辑史（先秦卷）》，甘肃人民出版社1989年版。

的地方，中国古代的逻辑理论和思想是特殊的，还是普遍的，这个问题必须回答，而要回答这个问题，我们便从思维的载体——语言影响思维，影响思维过程的逻辑推理，从而影响以思维中的逻辑推理为研究对象的逻辑学中获得答案，透过中国语言的特征，试图探讨中国逻辑的特质。

一般的看法是，语言是民族的，思维是全人类的，因而逻辑学也是全人类的。其实，这些看法并不错，只是需要甄别清楚思维是在什么样的层次上具有全人类性，逻辑学又是在一个什么样的层次上具有全人类性。我们认为，人类的思维过程中必须经过概念、判断、推理等过程，而这一点则是全人类共通的，至于如何形成概念，作出什么样的判断，采用何种推理形式，不同的民族会有差异，中西思维样式的整体与分析，具象与抽象的不同就充分地证明了这一点。在古希腊，古希腊语言影响了他们的民族的思维样式，影响了他们民族对推理类型的选择，而这些推理的类型又表现在古希腊语言中，因此，亚里士多德及古希腊的先哲们很快地从古希腊语言中极早地盘旋、发展出性质判断，并很快地发展了三段论的推理理论。而在中国则不然，由于受汉语的影响，系词的缺乏，因之在中国人的思维过程中就不可能产生西方思维中的那样的性质判断，因此也就没有西方人思维中的那样三段论推理类型，自然也就不会产生总结这些推理类型的西方式的传统逻辑。正是从这个意义上，我们认为逻辑学作为研究人类思维的科学有其自身的特殊性。

中西逻辑的比较研究，求同固然重要，可以总结出逻辑学发生、发展的共同规律，但求异似乎更重要。因为中西逻辑各自发生、发展，千百年来不曾通约过，通过求异，以期寻找出不同逻辑各自发生、发展的规律。前贤已经明确指出过，由于受地理环境不同、人文风俗之差异、社会制度有别、民族习惯存异、意识基础有歧等方面的影响，中国古代的逻辑理论和思想、古代印度的因明、亚里士多德的逻辑学三者之间的发生、发展上也存在很大的差异，不可能产生完全相同的逻辑学来。

我们认为，导致三大逻辑的不同，除了上述诸多因素外，更主要的是语言因素。语言影响人们的思维，也就影响了人们的推理，从而必然影响以逻辑推理为研究对象的逻辑学。各民族的语言不同，从而他们的推理类型有异，对反映一定的推理类型的民族语言的研究而形成的逻辑学也应当不一样。"The difference between Latin, French, English and German grammatical form do not result in any difference between Aristotelian logic and their respective rules of reasoning, because they belong to the same language family. Should this logic be applied to Chinese thought, it will prove inappropriate. This fact shows that Aristotelian logic is based on the structure of Western systems of language."（拉丁文、法文、英文和德文语法形式的区别，并不会产生任何亚里士多德逻辑与它们各自的推理规则的差别的后果，因为它们属于同一个语族。如果将这种［亚里士多德的］逻辑运用于中国人的思维，它将证明是不合适的。事实表明，亚里士多德的逻辑是建立在西方语言系统结构的基础之上。）①

逻辑作为一种文化形态存在，不可能不受到语言的深刻影响。"文化不论何种类型，归根到底可以用语言形式来存在。科学、技术、文艺、宗教、哲学是以语言为形式存在的。风俗、习惯、制度虽是行为文化，但也可以用语言来表述，并且只有用了语言特别是文字规定下来，才能成为一种严格的行为文化。"② 有的研究者认为哲学具有民族性乃

---

① Qtd. in Chad Hansen: *Language and Logic in Ancient China*, Michigan: The University of Michigan Press, 1982.
② 韩民青:《文化论》，广西人民出版社 1989 年版。

是因为"各民族的言语的文法不同,所以其哲学自然不同了"①。冯友兰先生认为这种观点其实就是主张"哲学的思想是受言语支配的。言语必是某民族的言语",故而哲学必是某民族的哲学,"我们亦以为某民族的哲学之所以为某民族底是与其言语有关,……则言语支配思想的主张,恐怕不能成立了"。② 本书认为,语言不能支配人们的思想,但语言会对人们的思想产生影响作用。"这就是说,如果说一种语言制约着一种认识的话,那不是指由于人类的语义世界的差异性而影响着人类的世界观,而是由于不同的符号化过程使本来基础大体相同的语义世界得到不同形态的反映,因而从最终结果上看,不同的语言产生着有差异的世界图像。"③ 不同的民族语言,通过影响整个民族的思维样式而影响人们的推理类型,也从而影响以推理为研究对象的逻辑学。

关于中西逻辑的差异,章士钊在他所写的《论翻译名义》一文中曾明确指出过:"然辩虽能范围吾国形名诸家,究之吾形名之实质,与西方逻辑有殊"④。因此,翻译西方的"logic"一词,不能用"名",也不能用"辩",只能采取音译的方法。"愚意不如直截以音译之,可以省去无数葛藤。""至 logic,吾取音译而曰逻辑,实大声宏,颠扑不破,为仁智之所闻见,江汉之所同归,乃崭焉无复置疑者矣。"⑤ 章士钊、孙中山先生都认为名学、辩学与西方的传统逻辑不论从内涵上说还是从外延上说都不是相等的,故不能采用意译,只能采用音译"逻辑"或另译成"理则"。由此可见,中国古代的逻辑理论和思想不是亚里士多德式的逻辑,亚里士多德式的逻辑也不是中国古代的逻辑理论和思

---

① 冯友兰:《三松堂学术文集》,北京大学出版社 1984 年版。
② 冯友兰:《三松堂学术文集》,北京大学出版社 1984 年版。
③ 张黎:《文化的深层选择——汉语意合语法论》,吉林教育出版社 1994 年版。
④ 温公颐主编:《中国逻辑史教程》,上海人民出版社 1988 年版。
⑤ 温公颐主编:《中国逻辑史教程》,上海人民出版社 1988 年版。

想。不同民族的逻辑自有其自身的特殊性、独特性或者说是个性。

汉字作为无声语言，同汉语作为有声语言一样，同样具有抽象性、概括性，或者更加确切些说，由于汉语的书写语言——汉字具有象意性，它所体现出来的逻辑运演功能更强，不论是"比类合谊（义），以见指㧑"，还是"视而可识，察而见意"，"画成其物，随体诘诎"，也还是"以事为名，取譬相成"，都需要一番复杂的思维过程的。正是由于汉字的这种特点，锤炼了中国人的推类思维能力。汉字所体现出来的逻辑运演比拼音文字的约定俗成在训练人们的思维能力方面一点也不差。

其实，任何一种语言都体现出相应的逻辑思维来，因为语言本身是思想的直接现实，不然整个语言系统就无法达到交际的目的，就无法实现表情达意的目的。对这种体现了一定逻辑思维的语言的研究（研究语言深层的逻辑推理），就产生了逻辑学。逻辑学的产生一定是建立在对一定的具体的语言的研究基础上，没有对语言的分析和研究，就不能理解一个民族的逻辑推理的形式，也就不可能产生逻辑学。有人曾经对世界上的语言种类作过统计，认为全世界现存至少两千多种语言（有人认为有六千种），还不包括那些已经消失或绝种了的语言。而在这众多的语言家族中，只有古代印度、古代希腊、古代中国被认为是产生了逻辑理论和思想，而其他语言种类就没有产生出逻辑学来。归结起来，其他原因也存在，但没有相应的语言研究是这些语言没有能产生逻辑理论和思想的重要原因。

由于语言的千姿百态，由于研究方法的形形色色，更由于受语言影响思维的样式不同，从而推理的类型也不同，古代中国、古代印度、古代希腊所产生、发展的逻辑理论和思想也一定不一样，这即是说亚里士多德逻辑并不是全人类的思维通律，各个民族都可以发展出自己独特的逻辑理论和思想，就如同不同的逻辑学家各自都有自己对逻辑学的不同理解一样。逻辑学因人而异，也因语言、民族等的不同而存异。诚如钱穆所言："若谓西方人之逻辑乃人类思维通律，不懂逻辑即无法运用思想。然则中国古来向无逻辑（指亚里士多德逻辑——引者注）一项学问，即不啻谓中国人自始皆不能思想，抑或中国人思想皆不合逻辑……此处正是中西文化思想相歧点，不得厚彼薄此。"①

卡尔纳普说："在逻辑上，无道德可言。每人都有随意建立他自己的逻辑即他自己的语言形式的自由。"② 逻辑学因人而异，并且因语言而异，所以，逻辑学一定有其自身的特殊性、个性。中国古代的逻辑理论和思想所具有的特殊性使我们深信：中国古代的逻辑理论和思想不仅属于中国，也属于世界；它不仅可以丰富人类对逻辑理论和思想的认识，而且也必将推动人类对逻辑理论和思想的发展。

美国学者A.P. 马蒂尼奇有感于当前的语言哲学研究现状，说道："我是带着颇有点儿惶恐的心情来说这些哲学家对理解'语言性质'作出贡献的，因为，除了极少的例外，他们都是依据其仅仅关于英语的知识来作出关于一切语言的论断。"他希望："或许几年以后有人会翻译一部中国语言哲学文选以授惠于讲英语的人们。"③ 这也确实应该引起我们的重视与反思。

---

① 钱穆：《双溪独语》，台湾学生书局1981年版。
② ［美］卡尔纳普：《语言的逻辑方法》，见［美］威拉德·蒯因：《从逻辑的观点看》，江天骥等译，上海译文出版社1987年版。
③ ［美］A.P. 马蒂尼奇：《语言哲学》，牟博等译，商务印书馆1998年版。

第九章　关于中国语言与中国逻辑的反思

通过语言影响人们的思维，我们看到了中西在思维样式、逻辑推理上的差异，同样，于此，我们也可以看到中西逻辑理论和思想的差异。我们在这里提出逻辑学的个性问题，提出中国古代的逻辑理论和思想的独特性质，从中可以引申如下的一些启示。

一、中西逻辑的互补

西方的科学是从演绎出发，探求从一般到个别所具有的必然联系。而从一般到个别的必然性问题，是古希腊哲学家一直所渴求解决的，苏格拉底、柏拉图就一直在寻求从一般到个别的必然性的途径。"其所以如此，根源在于苏格拉底—柏拉图的理念论。真实存在的东西是一般或共相，对它的认识便是概念。在这一点上，亚里士多德始终是一个柏拉图主义者。他反对他伟大的前辈的体系的地方只是爱利亚学派式的关于缺乏内在关联的假定——缺乏一般与特殊、理念与现象、概念与知觉之间的内在关联。这种关联之缺乏，柏拉图虽经一再努力，即使在他讲学的后期也没有克服。……从这里便产生了逻辑的主要任务，即认识一般与特殊之间的真正关系；因此早已被苏格拉底认出的这种抽象思维的基本形式占据了亚里士多德逻辑的中心。……如果当时亚里士多德曾问过：一个人如何才能科学地论证？即如何才能用普遍有效的、获得真正知识的方法去证明一件事？那他就会发现这只能是基于从一般到特殊的理论。……这正是苏格拉底曾希求找到的东西。"① 真正地实现了一般到特殊的演绎的是亚里士多德。"在他看来，倘有理论而无经验，认识普遍事理而不知其中所涵个别事物是不中用的，正如一个医师如果只有理论而无经验是不会治好病一样，因他治的是'加里亚''苏格拉底'等个别的人，而不是一般的人。"② "从这里便产生了构成亚里士多德的科学概念的特殊复杂性。一般理念作为真实的存在，是生成和变化之因。因此，正是由于它和通过它，被感知的特殊的东西就能被理解、被思考、被解说。科学必须陈述：从用概念认知的'一般'如何得到被感知的'特殊'。另一方面，在思想中的一般就是特殊所由论证、借以论证的根据。据此，理解和论证是同一个东西，即从一般到特殊的推论。"③

亚里士多德的主要逻辑学说三段论正是基于从一般到特殊的推论而创造出来的。"将它的注意力只集中在概念之间可能存在的关系之一上——即特殊从属于一般的关系。这理论的唯一问题总是：一个概念（主词）是否应该从属于另一个概念（宾词）。三段论必须处理的只是这样一些思维形式，即按照这些思维形式，借助于中间概念，必须判断：是否发生一个概念从属另一个概念。亚里士多德极其详尽地解答了

---

① ［德］文德尔班：《哲学史教程》上卷，罗仁达译，商务印书馆1987年版。
② 马玉珂：《西方逻辑史》，中国人民大学出版社1985年版。
③ ［德］文德尔班：《哲学史教程》上卷，罗仁达译，商务印书馆1987年版。

这个问题，他的三段论的持久价值和其意义的局限性均基于此。"① "对于亚里士多德来说……一个概念之被推得或导出，是由一个更一般的概念（次高的种或类）加上一个特殊的特性标记或差异形成的。"② 因此，我们从这里可以看出西方传统的形式逻辑是从一般到个别的必然性推论，强调的是从属到种之间的既是自然又是必然的过渡推论，这种推论的基础，是从西方传统的认识论的基础出发，同时又为西方的认识论基础服务的。

而中国古代的思维传统与此正好成为鲜明的对照，中国传统的思维样式是从直觉思维的角度出发，从事物之间的推类上去认识、分析、研究事物之间的关系。例如，如果一个人想要做出与水有关的事情，他自然就不会穿红色的衣服，因为红是火的颜色。在中国先哲们的思维里，心物同构，万物皆备于我，万物同构，把整个世界看成一个大宇宙，把某一个个体事物看成了小宇宙，自然，大小宇宙之间有相似相类之处，因此，便可以"欲观千岁，则数今日；欲知亿万，则审一二；……故曰，以近知远，以一知万，似微知明"③，便可以"告诸往而知来者"和"温故而知新"④，也可以"以往知来"和"以见知隐"⑤，"以近知远"和"以今知古"。⑥

有不少现代的学者，如 H. 威廉（H. Wilhelm）、埃伯哈德（Eberhard）、雅布隆斯基（Jablonski），尤其是格拉内（Granet）把这种样式称为"关联式的思考"（coordinative thinking）或"联想式的思考"

---

① [德] 文德尔班：《哲学史教程》上卷，罗仁达译，商务印书馆1987年版。
② [德] 文德尔班：《哲学史教程》上卷，罗仁达译，商务印书馆1987年版。
③ 《荀子·非相篇》，见周云之：《名辩学论》，辽宁教育出版社1996年版。
④ 《论语》，见周云之：《名辩学论》，辽宁教育出版社1996年版。
⑤ 《墨子》，见周云之：《名辩学论》，辽宁教育出版社1996年版。
⑥ 《吕氏春秋》，见周云之：《名辩学论》，辽宁教育出版社1996年版。

(associative thinking)。这种直觉的联想系统,有它自己的因果关系及逻辑,有其独特的思想方式。这种思想方式偏重于事物之间的外在因果关系。在这种思考里,"概念"与"概念"之间并不互相隶属或包涵,而是处于一种平等并置的关系,强调的是同类事物的相互感应或作用。这种看待事物的方法,不可能从一般到特殊进行推论,而是从个别到个别、一般到一般的"推类"。对于这种思维样式,英国著名的科学史家李约瑟指出:"显然地,从历史看来,中国在技术上的许多发现,并未受到发现者们的宇宙观的质的影响。而且不能因为著书者的宇宙观未曾发展出伽利略与牛顿那样的科学,便使那些他鄙视的中国古籍里的经验知识的价值减低丝毫。反之,我以为适当的结论应该是:中国人之关联式思考或联想式思考的概念结构,与欧洲因果式或法则式的思想方式,在本质上根本就不同。……中国人关联式的思考绝不是原始的思想方式。也就是说,它绝非处于逻辑的混沌,以为任一事物皆可作为其他事物的原因,而让魔术师纯粹的幻想来指导人的观念。"① 雅布隆斯基在解释其老师格拉内的观点时说:"相互关联的观念具有很重要的意义,它取代了因果的观念,因为万物不是有因果关系,而是相互关联。"②

由此,我们便很自然地想到了著名的物理学家爱因斯坦关于西方科学的基础和中国古代的发明的一段话:"西方的科学发展是以两个伟大的成就为基础,那就是:希腊哲学家发明形式逻辑体系(在欧几里得几何学中),以及通过系统的实验发现有可能找出因果关系(在文艺复兴时期)。在我看来,中国的贤哲没有走上这两步,那是用不着惊奇

---

① [英]李约瑟:《中国古代科学思想史》,陈立夫译,江西人民出版社1990年版。
② [英]李约瑟:《中国古代科学思想史》,陈立夫译,江西人民出版社1990年版。

的。要是这些发现果然都作出了,那倒是令人惊奇的事。"① 惊奇吗? 一点也不惊奇,这是因为就如同"几何学是希腊数学的特征,而代数为中国数学的特征"② 一样,西方的演绎传统走上了理论科学的道路,而中国的推类思想传统则走上了技术科学之路,这是推理的本质所决定的,也即是由逻辑推类与科学假说之间的关系所决定的。

由于推类不是必然推出,而是通过事物之间的关联进行联想推出结论,它的性质便是结论超出前提,从而使得结论具有或然性,而不是必然性。必然性束缚了人们的思想驰骋,而或然性则可以展开无限的科学联想。正是由于归纳推理也具有这样的特点,培根才认为归纳是科学发明发现的方法,把归纳看作是唯一的或占统治地位的科学思维方法。就推理的或然性而言,类比推理具有更加开放的可能性。由于中国古代的推类式推理比类比推理更具开放性,更具跳跃性,所以推类的联想很容易导致科学假说。"在假说的提出阶段,最常用的推理形式是类比推理。应用类比推理可以提出事物存在型假说和经验定律型假说,也可以提出科学定律和原理型假说。例如卢瑟福为了解决可散射实验提出的问题,从经典力学出发,把微观的原子与宏观的太阳系进行了类比,构造了原子的有核模型。法拉第把电流与瀑布相类比,得出了计算电流能量的公式。"③

正由于提出假说时常常要用类比推理,所以著名的科学家开普勒在谈到类比推理时这样地赞美类比推理:"我珍视类比胜于任何别的东西,它是我最可信赖的老师,它能揭示自然的秘密"④。爱因斯坦说过:

---

① [德] 爱因斯坦:《爱因斯坦文集》第 1 卷,许良英、范岱年编译,商书印书馆 1976 年版。
② [英] 李约瑟:《中国古代科学思想史》,陈立夫译,江西人民出版社 1990 年版。
③ 吴家国:《普通逻辑述评》,上海人民出版社 1990 年版。
④ 吴家国:《普通逻辑述评》,上海人民出版社 1990 年版。

"在物理学上往往因为看出了表面上互不相关的现象之间有相互一致之点而加以类推,结果竟得到很重要的进展。"① 黑格尔更像是针对中国的实际情况似的指出:"类推的方法很应分地在经验科学中占很高的地位,而且科学家也曾按照这种推论方式获得很重要的结果。"② 恩格斯更把类比同辩证的思维形式联系在一起:"恰好辩证法对今天的自然科学来说是最重要的思维形式,因为只有它才能为自然界中所发生的发展过程,为自然界中的普遍联系,为从一个研究领域到另一研究领域的过渡提供类比,并从而提供说明方法。"③

这种与假说有着密切关系的性质,使得推类在人类科学史上作出了巨大的贡献,恩格斯指出:"只要自然科学在思维着,它的发展形式就是假说。一个新的事实被视察到了,它使得过去用来说明和它同类的事实的方式不中用了。从这一瞬间起,就需要新的说明方式了——它最初仅仅以有限数量的事实和现象为基础,进一步的观察材料会使这些假说纯化,取消一些,修正一些,直到最后纯粹地构成了定律。"④ 正是推类这样的推理形式,正是推类这样的逻辑特征使得一个个科学发明被接二连三地做了出来。"大量的事实说明了,在科技领域中,有许多发明或发现是由中国人先做出来的……中国人自诩的'古已有之',固然是一种封闭心态,但事出有因。"⑤

西方的演绎的思维样式为科学作出了巨大贡献,中国古代的推类样式也同样为科学作出了巨大的贡献,这两者之间只能有形式上的不同,

---

① [美]爱因斯坦、[美]英费尔德:《物理学的进化》,周肇威译,上海科学技术出版社 1962 年版。
② [德]黑格尔:《小逻辑》,贺麟译,商务印书馆 1980 年版。
③ 《马克思恩格斯选集》第 3 卷,人民出版社 1972 年版。
④ [德]恩格斯:《自然辩证法》,人民出版社 1963 年版。
⑤ 张岱年、成中英:《中国思维偏向》,中国社会科学出版社 1991 年版。

而没有智力水平上的差异，它们都为人类的科学事业作出了不可磨灭的贡献。所以，中西逻辑理论和思想之间是一种互补关系，不是同一，也不是对立。所以，"即便是爱因斯坦指证的两点之一，中国的贤哲没有像希腊哲学家那样发明形式逻辑体系（在欧几里得几何学中），我们也不能就此作抽象的理解。必须承认，中国人在形式逻辑的传统方面确实不及西方，而且这一点确实构成中国在近代科学方面的非常重要的因素之一（我们认为，不是不及，而是互补——引者注）。但是，具体的历史的理解应当能够辨明以下几点：第一，形式逻辑的传统是否始终是而且永远是科学发展的有利条件？第二，中国人是否自然地、而且先天地不可能产生任何形式逻辑的思想？……然而就形式逻辑的思想而言，中国在先秦的《墨经》中有很高的成就，甚至可以说绝不亚于印度的因明和亚里士多德的逻辑"①。东西逻辑思想有差异，有分歧，也有共同的地方，会通的地方，不能贬此褒彼，当然也不能褒此贬彼。

二、中国逻辑史的研究方法

关于中国逻辑史的研究方法，很多学者都提出了自己的见仁见智的看法。周云之、刘培育、崔清田、李先焜、蔡伯铭、王路、孙中原、诸葛殷同等很多先生都提出了自己的关于中国逻辑史研究方法的建设性意见，我们从语言的角度，探讨语言对思维的影响，从而影响逻辑学，探讨中国语言对中国逻辑的影响，在研究方法上，有以下几点在此作出说明：

第一，历史唯物主义的方法。影响人们的思维样式，从而影响一个

---

① 吴晓明：《科学与社会》，上海远东出版社 1995 年版。

民族的推理类型，并进一步影响人们的逻辑理论和思想的因素很多，有政治、经济、制度、地理、文化、科学技术等方面的因素，我们从历史唯物主义出发，抓住了文化中的最基本的现象然而也是最本质的现象，同时又是与思维、逻辑理论和思想有着如胶似漆般的密切关系的语言作为切入点，凸现语言因素，把它从众多的影响（或者称关系因素）中独立出来，考察它对思维、逻辑理论和思想的影响，从中国语言的角度探讨汉语对中国人的思维模式、推理类型以及中国古代逻辑理论和思想的影响。我们认为，在语言中，可以看到不断变化的世界中最为恒定的东西，人类的语言结构在一定程度上反映了世界的结构、思维的结构，甚至逻辑的结构，"不论是人还是超人，都逃不脱语词的力量，语言是实在的复本，逻格斯是理解最终实在的最高范畴"①。"最高贵和有益处的发明却是语言，它是由名词或名称以及其连接所构成的。人类运用语言把自己的思想记录下来，当思想已成为过去时便使用语言来加以回忆，并用语言来相互宣布自己的思想，以便互相为用并互相交谈。没有语言，人类之中就不会有国家、社会、契约或和平存在，就像狮子、熊和狼之中没有这一切一样。"② 就如同洪堡特所说的那样，民族语言就是民族精神的体现，透过语言才能真正地把握一个民族的实质——不论是精神的还是物质的所在。

我们这里凸现语言这一因素是同历史分析和文化诠释密不可分的。所谓历史分析，就是把中国古代的逻辑理论和思想置于其得以产生、发展、引申的具体历史背景之下，即从中国语言特有的民族特点出发，并把汉语对中国古代逻辑理论和思想的影响放到一个特定的历史——先秦

---

① 徐友渔、周国平、陈嘉映、尚杰：《语言与哲学——当代英美与德法传统与比较研究》，生活·读书·新知三联书店1996年版。
② ［英］霍布斯：《利维坦》，黎思复、黎廷弼译，商务印书馆1985年版。

时代里考察。所谓文化诠释的方法，就是把中国古代的逻辑理论和思想作为先秦文化的有机组成部分，探讨作为文化最为本质、最为基础的语言同样也是民族文化中最为本质、最为基础的逻辑理论和思想之间所具有的联系和影响。① 文章虽然不是从文化的各个层面、各个角度探讨中国古代文化与中国古代逻辑理论和思想的关系及影响，但力图从语言这一个层面上能够得到窥一斑而知全豹的效果。

我们截取语言影响思维、影响思维的推理类型，从而影响逻辑理论和思想的一个环节，意在强调语言对逻辑理论和思想的影响，而不是要否认思维对语言的影响，其实，语言和思维之间的关系是一种相互影响的关系。是思维影响了语言，还是语言影响了思维，如果从发生学上讨论这个问题，也许只能给出逻辑上的解释，而无法得出事实上的解答。我们正是循着这一逻辑思路，探讨语言世界对思维世界的影响，正如我们前面已经指出的那样，儿童从出生到完全掌握了母语这一过程中，其思维并不完全成熟，他或她正是用母语中的逻辑结构来认识世界，从而使得其思维与母语呈现出一定程度的同构关系。"根据苏联的研究材料，4岁儿童词汇中各种词类的百分比如下：

名词（包括9个代名词）·························· 968（50.2%）

动词 ··· 528（27.4%）

形容词（包括20个代名词）··················· 227（11.8%）

副词 ··· 112（5.8%）

数词（指量数词和次第数词）·················· 37（1.9%）

前置词 ··· 15（0.8%）

---

① 崔清田主编：《名学与辩学》，山西教育出版社1997年版。

感叹词和小品词 ················· 17（0.9%）

连接词 ······················· 22（1.2%）"①

因此，儿童在 4 岁左右所形成的语言系统是一种感性语言系统，这种感性语言系统形成的特征是：基本上掌握了口语，但很少出现表现逻辑关系的连接词。也正是在这样的一个感性语言系统的基础上，儿童的抽象思维才开始形成。所以，有理由认为，从个体发生看，是语言影响了思维。透过人类的儿童阶段，可以看到我们祖先的缩影；透过语言，可以看到一定民族的思维过程，可以看到受一定民族语言影响的一定民族的逻辑理论和思想的个性。同样，透过语言，也可以看到人类的思维过程，可以看到受语言影响的逻辑理论和思想的共性和个性。因为语言自身也有共性与个性存在。

第二，比较法。在探讨中国古代逻辑理论和思想的特殊性时，本书使用了比较的方法，具体体现在如下几个方面：首先，中西不同语言之间的比较。先秦的古代汉语与印欧语系之语言有着很大的差异，一者为形象语言、意合语言、立体语言，为典型的孤立语言；一者为抽象语言、分析语言、线性语言，为典型的曲折语言。一者没有格、形态、时态、人称、性等的变化，而是靠意会、语序等手段表情达意；一者必须有格、形态、时态、人称、性等的变化，强调逻辑分析，遵守语法手段才能表情达意。一者句法结构舒展自如，生动活泼，若断若连，形散神聚；一者句法结构组织严密，叠床架屋，形聚神不散。这些不同特点必然影响到人们的思维，从而使得不同的民族具有不同的思维样式。其次，中西逻辑推理的类型的比较。一者以推类为主要的推理类型，兼具

---

① 张黎：《文化的深层选择——汉语意合语法论》，吉林教育出版社1994年版。

演绎和归纳，受民族思维样式上的"联想思考"的影响，极力发展着推类式逻辑推理，具有强烈的类推倾向，因而才有譬、侔、援、推、止等具体的推类式的推理形式，也因而极少有纯粹的演绎推理，即使有，也往往同归纳、推类综合使用，像连珠体的推理就是这样推理的典型代表；一者以演绎为主要的推理类型，兼具类比和归纳，受民族思维样式上的"机械论"的影响，极力发展着演绎推理，具有强烈的从一般到个别的演绎倾向，三段论推理可以说是这种逻辑推理的代表。再次，中西逻辑理论和思想的比较。一者研究逻辑推理而形成的逻辑理论和思想，具有形象说明与理论概括发展不平衡的特征，研究的理论明晰度不很强，具有明显的以研究推类为中心的理论形态，注重具体问题研究；一者研究逻辑推理而形成的逻辑理论和思想，重演绎、重理论、重形式、重逻辑分析。

　　本书使用比较的方法，把两种性质相似的东西放到一起加以对比，从中既要确定二者所具有的相同的东西，又要鉴别二者所具有的相异的东西，而且重在探求二者所具有的差异。我们反对机械的比附的方法，即反对把两种事物放在一起，不顾二者之间所具有的多方面的差异，硬要把其中的一个事物说成是另外一个事物，这种以一个事物为参照点，把另一个事物修饰、改造得和另一个事物完全一样的做法，既牺牲了这一个事物，又丧失了另一个事物，一味地追求共性、求同，必然是以牺牲个性为代价、为目的的。既然二者完全相同，有一个事物就可以了，另一个事物自然是多余的了，反之亦然。本书强调比较的方法，既要比较出两者之间的差异，使得中西逻辑理论和思想可以实现互通和互补，同时又清醒地看到二者之间相同的地方。没有相同，就没有差异，没有差异也没有相同，二者是既对立又统一的辩证关系。"我们不能按照西方哲学史的图式来写中国哲学史。老子的'道'绝不同于黑格尔的

'绝对理念',王阳明的心学也不能与贝克莱的主观唯心论相比附。老子和王学属于封建时代的哲学体系,贝克莱和黑格尔属资本主义时代的哲学体系。把不同时代的哲学强拉在一起机械相比,就是犯了不知类的错误。即使是时代相同或相近,中西的具体历史条件也有差异。孔子不是苏格拉底,孟子不是柏拉图,荀子也不是亚里士多德。不顾中国和西欧古代的历史特点,强行比较,不是一种科学的态度。我们也不能强使古人穿上时装……"① 同样,我们不能按照西方逻辑史的图式去研究中国逻辑史,要在个性研究的基础上上升到共同性,又通过共性去映照个性。"任何一种学术思想的创建都是由在特定历史时代进行活动的人,即有意识的、经过思虑、追求某种目的的人实现的。因此,要理解一种学术思想,就必须探讨孕育和形成这种思想的根据——思想家活动于其中的社会环境、面对的社会需求、一定的文化背景和由此而产生的思想家的认识、追求与动机。有了对这些因素的认识,才有可能进一步理解受这些因素制约所形成的这种而不是另外一种学术思想的特有性质,也才有可能更为客观地去解释表述这些思想的文本。"②

有人认为在中国古代《墨子》一书中所提出的故、理、类就是和西方亚里士多德所研究的三段论推理如出一辙,例如钟友联先生就认为(断言)下面的"三段论式"为墨学逻辑的一种推理方式:

"大前提——天有义则治,无义则乱。

小前提——天欲其治而恶其乱。

结论——因此可知,天欲义而恶不义。"

---

① 任继愈:《任继愈学术论著自选集》,北京师范学院出版社1991年版。
② 任继愈:《任继愈学术论著自选集》,北京师范学院出版社1991年版。

"可是依据'三段论式'的定义,上式根本不是三段论式。钟氏称之为'三段论式',只是硬套而已。"①

最早对古印度因明的三支论式、亚氏逻辑的三段论与中国古代《墨辩》中的"故、理、类"进行比较研究的梁启超就认为,印度因明的"以宗、因、喻三支而成立"的三支作法,亚氏逻辑的"合大前提、小前提、断案三者而成"的三段论法,与《墨辩》的"故""理""类"有很多相同之处。

"比如,因明以宗、因、喻三支而成立,其式如下:

宗＝声,无常

因＝何以故,所作性故

喻＝凡所作皆无常,例如瓶。

而墨经引说就经,往往也三支显备。如:

宗＝'知,材也。'

因＝何以故,'所以知'故,

喻＝凡材皆可以知,'若目'。

梁启超指出:这种'宗'在《经》,'因''喻'在《说》的形式,'此正格也'。(《墨经校释》)在《经上》《经说上》中,大多如此。但在《经下》《经说下》中,则往往是'宗''因'在《经》,'喻'在《说》。比如:

宗＝'损而不害',

因＝说在余,

喻＝'若饱者去余,若疟病之人于疟也。'(《墨子学案》)

也有'宗'在说而'因'在经者。例如:

---

① 叶锦明:《对研究中国逻辑史的两个基本问题的探讨》,载《自然辩证法通讯》,1996 年第 1 期。

宗 = '不在禁，虽害无罚'

因 = '罪，犯禁也。'

喻 = '若殆'

同时，梁氏亦认为《墨经》中也有用西方逻辑的三段论形式的。比如：

大前提 = '假必非也而后假。'

小前提 = '狗，假虎也。'

结　论 = '狗，非虎也。'"①

这种比附的研究，连稍后一些的章太炎都不完全同意，在章太炎看来，"辩说之道，先见其旨，次明其柢，取譬相成，物故可形，因明所谓宗、因、喻也。印度之辩：初宗，次因，次喻。大秦之辩：初喻体，次因，次宗。其为三支比量一矣。《墨经》以因为故，其立量次第：初因，次喻体，次宗，悉异印度大秦……大秦与墨子者，其量皆先喻体，后宗。先喻体者，无所容喻依，斯其短于因明立量者，常则也"。②

胡适先生在他的《先秦名学史》中对梁启超、章太炎认为《墨辩》中有三段论推理提出了批评，他认为《墨辩》中根本不存在什么三段论的推理："章炳麟先生在他一九一零年出版的《国故论衡》中，认为墨家也有三段论法的学说。他的论点的基础似乎是对我前引有关因果关系的一段话的错误解释。他把'大故'和'小故'解释为三段论法的大前提和小前提。章先生认为墨家的三段论法采取如下形式：

M—P（大前提）

S—M（小前提）

---

① 转引自彭漪涟：《中国近代逻辑思想史论》，上海人民出版社1991年版。
② 转引自彭漪涟：《中国近代逻辑思想史论》，上海人民出版社1991年版。

S—P（结论）

我不同意这种说法。理由是：作为立论根据的那段话，无疑是有关因果关系的讨论，而不是有关演绎法的讨论。其次，在上述我所引用的有关演绎法的论述之后，紧接着就是关于类推和归纳法的论述，所以，那段话被当作别墨演绎法理论的正确表述。正如前边已经指出的，这种演绎法的理论不需要三段论的形式，只需要故必须与法一致。再次，别墨的演绎法并不采取三段论的形式，可以从《墨子》书中如下的一些推理看出来：

'狗，犬也……'
'杀狗，非杀犬也。'（《墨子·经说上》第五十三条）

再如：

'盗，人也……'
'爱盗，非爱人也……
'杀盗，非杀人也'（《墨子·小取》第六条）

要是别墨坚决主张演绎的三段论形式，他们就不可能根据一个全称肯定大前提推出一个否定的结论。所以，我的结论是，别墨的演绎法理论不是三段论的理论，基本上是一种正确地作出论断的理论。"①

由于中国古代根本就不存在"三段论"的推理，所以硬要把"故、

---

① 胡适：《先秦名学史》，学林出版社1983年版。

理、类"比附成三支作法或者"三段论"推理，都是不合思维实际的。即以研究者认为《墨辩》有三段论推理的根据看，这些研究者没有认识到一个推理必须在同一个思维过程之中，如果把两个不同的思维过程中的句子或命题硬排列组合到一起，从而构成一种什么推理，要么这个推理是研究者的既成之见，要么就是拉郎配，而根本不是什么《墨辩》的逻辑推理。一般的研究者都认为《墨子》一书中的《经上》《经下》为墨子所作，而《经说上》《经说下》是墨学后人所作。如果这是可信的话，那么，《经》与《说》就应该是两个不同的思维过程，经过了不同的推理的人，无法由《经》和《说》组成一个逻辑推理。即使将之理解成一人所作，那么根据《经》与《说》的内容，则认为《经》是被解释者，而《说》则是解释者，解释者与被解释者无法构成前提和结论，因而也就无法构成一个完整的逻辑推理。所以，本书认为中国古代就没有什么三段论式的逻辑推理，自然也不会产生有关三段论理论的逻辑理论和思想。

20世纪初叶，著名的国学大师王国维就在其《论新学语之输入》中指出："夫言语者，代表国民之思想者也，思想之精粗广狭，视言语之精粗广狭以为准，观其言语，而其国民之思想可知矣。"又指出："我国人之特质实际的也，通俗的也。西洋人之特质，思辨的也，科学的也，长于抽象而精于分类，对世界一切有形无形之事物，无往而不用综括（generalization）及分析（specification）之二法，故言语之多，自然之理也。吾国人之所长，宁在于实践之方面，而于理论之方面，则以具体的知识为满足，至分类之事，则除迫于实际之需要外，殆不欲穷究也。夫战国议论之盛，不下于印度六哲学派及希腊诡辩学派之时代，然在印度，则足目出而从数论、声论之辩论中，抽象之而作因明学。陈那继之，其学遂定。希腊则有雅里大德勒（今通译亚里士多德）自哀利亚派、诡辩学派之辩论中，抽象之而作名学（今通译逻辑学）。而在中国，则惠施、公孙龙等所谓名家者流，徒骋诡辩耳！其于辩论思想之法，则固彼等之不论，而亦其所不欲论者也。故我中国有辩论而无名学，有文学而无文法，足以见抽象与分类二者，皆我国人之所不长。"①这种对中西思维样式以及中西逻辑理论和思想的评价是深中肯綮的，符合中西思维的实际，这种评价对我们今天的中国逻辑史的研究仍具有极其重要的参考价值和意义，很值得我们从事中国逻辑史研究的人们深思。深思之，慎取之，这才是我们还中国古代逻辑理论与思想以真实面貌的唯一有效途径。解经就已，强为之说，以及凭空比附都是中国逻辑史研究之大忌讳！

我们从语言角度探讨语言对逻辑推理、逻辑理论和思想的影响，从汉语的角度探讨中国语言对中国的逻辑推理、中国的逻辑理论和思想的影响，从而提出逻辑的个性与共性的关系。正是基于这样的思想和认识，我们力求能够对中国古代的逻辑理论和思想有一个准确的把握和理解，希冀我们的研究能够对中国逻辑思想史的研究有所裨益。

---

① 转引自彭漪涟：《中国近代逻辑思想史论》，上海人民出版社1991年版。

附录一　逻辑与文化

2005年10月，斯洛文尼亚的卢布尔雅那大学的《亚非文集》出版了《中国逻辑与中国文化——中国传统逻辑研究》（*Chinese Logic and Chinese Culture——Research in Traditional Chinese Logic*），据我所知，这是用英文出版的有关中国逻辑史研究的第一部文集，这表明把逻辑与文化结合起来加以研究的方向已经引起了西方学者的关注，西方的学者力图把这种研究的方向和方法介绍到西方去，体现了逻辑与文化研究方向所具有的重要意义。

一、逻辑是一种文化现象

国际学术界公认，世界逻辑学有三大源流，即中国名辩学、印度正理—因明和西方逻辑学。这三大逻辑源流是在三种不同民族文化的土壤中孕育发展出来的。民国时期，学者张东荪曾指出："我现在研究了以后，乃发现逻辑是由文化需要而逼迫出来的，跟着哲学思想走。这就是说逻辑学不是普遍的与根本的。并且没有'唯一的逻辑'（Logic as

Such），而只有各种不同的逻辑。"①

纵观三大逻辑学源流发生发展的历史，我们不难看出，印度正理—因明是建立在正统派哲学与非正统派哲学之间的论争之上的。在古代印度，国王、贵族、平民都乐于参与辩论，不论在王宫、寺院还是在街头的市井，随处可见辩论场景，正是这种"论辩之风的盛行，论究学的发展，公允、合理的论辩精神的树立，催发了印度逻辑并一直伴随其成长，构成了印度逻辑的一大基本特征"②。作为西方逻辑学代表的亚里士多德逻辑也是从论辩中产生，但是由于受这一时期古希腊数学的发展的影响，"演绎证明的方法和初步公理化方法就是这个时期数学的主要成果。古希腊数学的发展为逻辑学的建立开辟了道路"③。而中国古代的名辩学则明显地受到"百家争鸣"的影响。在先秦，正如《管子·宙合》篇所说的那样："名实之相怨久矣，是故绝而无交。"因此，正名实就成了论辩的核心。"在论辩过程中，各家要进行正面的思想交锋，要确立自己的观点，也要驳斥别人的观点，就必然要总结论辩的经验和教训，研究论辩的原则理论、方法，这就为中国古代名辩学的产生创造了条件。"④

尽管三大逻辑的产生还会受到诸如经济、政治、伦理、语言等方面的影响，即使从它们的共性——对论辩进行研究来看，中国古代的名辩学、西方逻辑学与古代印度正理—因明也有很大差别。古代印度正理—因明重在无过，而西方逻辑学则重在求真。那么，中国古代的名辩学又是如何的呢？具有权威性的《中国大百科全书·哲学》是这样介绍的：

---

① 张汝伦编选：《理性与良知——张东荪文选》，上海远东出版社 1995 年版。
② 张家龙主编：《逻辑学思想史》，湖南教育出版社 2004 年版。
③ 张家龙主编：《逻辑学思想史》，湖南教育出版社 2004 年版。
④ 张家龙主编：《逻辑学思想史》，湖南教育出版社 2004 年版。

"(1) 中国古代逻辑是一个以辩论形名为开端以正名为重点,包括名、辞、说、辩为内容的名辩逻辑体系。(2) 中国古代逻辑的发展与语言的关系特别密切。(3) 中国古代逻辑的发展直接受到政治、伦理思想的制约。(4) 中国古代逻辑在其漫长的发展中,基本上一直处于哲学认识论的范围。(5) 中国古代逻辑的发展具有自己的相对独立性和继承性。"①

恩格斯指出:"历史从哪里开始,思想进程也应当从哪里开始,而思想进程的进一步发展,不过是历史过程在抽象的、理论上前后一贯的形式上的反映。"② 从世界公认的三大逻辑的发生发展来看,三者都是在本民族相对独立的基础上发展起来的,特别是中国古代的名辩学理论的产生更纯然是一种中国式的逻辑理论和思想,体现出强烈的中华民族文化特征。著名学者钱穆先生也指出:"若谓西方人之逻辑乃人类思想通律,不懂逻辑即无法思想。然则中国古来向无逻辑一项学问,即不啻谓中国人自始皆不会思想,抑或中国人思想皆不合逻辑。……此处正是中西文化思想的相歧点,不得厚彼薄此。"③ 国学大师王国维在对三大逻辑的产生进行分析时,指出了作为文化现象的逻辑之间的差异:"我国人之特质实际的也,通俗的也。西洋人之特质,思辨的也,科学的也,长于抽象而精于分类,对世界一切有形无形之事物,无往而不用综括(generalization,现译'概括')及分析(specification,现译'限制')之二法,故言语之多,自然之理也。吾国人之所长,宁在于实践方面,而于理论之方面,则以具体的知识为满足,至分类之事,则除迫

---

① 大百科全书总编辑委员会《哲学》编辑委员会、中国大百科全书出版社编辑部编:《中国大百科全书·哲学》,中国大百科全书出版社1987年版。
② 《马克思恩格斯选集》第2卷,人民出版社1972年版。
③ 钱穆:《双溪独语》,台湾学生书局1981年版。

于实际之需要外，殆不欲穷究也。夫战国议论之盛，不下于印度六哲学派及希腊诡辩学派之时代，然在印度，则足目出而从数论、声论之辩论中，抽象之而作因明学。陈那继之，其学遂定。希腊则有雅里大德勒自哀利亚派、诡辩学派之辩论中，抽象之而作名学。而在中国，则惠施、公孙龙等所谓名家者流，徒骋诡辩耳！其于辩论思想之法，则固彼等之不论，而亦其所不欲论者也。"[①] 由此观之，逻辑学是一种文化现象，是一定民族文化中思维方式孕育的结果，因而也就必然会形成不同的逻辑传统。从逻辑发展的历史来看，逻辑绝对不是一种超越文化的现象，也绝对不会仅仅是一个模式，一个体系。

二、逻辑对文化的影响

文化作为一种社会现象，无论是在广义还是在狭义上都包含有众多的因素。这些众多的因素之间必然会具有联系和影响，从而构成有机的整体。包括逻辑在内的众多文化因素是系统整体文化赖以生存的基础，对文化的发展、演化必然会产生重要的影响和作用。那么逻辑对文化的影响表现在哪些方面呢？

首先，不同的逻辑类型对一定民族的科学发展具有不可磨灭的重要意义。论及逻辑对科学的影响，我们便很自然地想到著名的物理学家爱因斯坦关于西方科学的基础和中国古代发明的一段话："西方的科学发展是以两个伟大的成就为基础，那就是：希腊哲学家发明形式逻辑体系（在欧几里得几何学中），以及通过系统的实验发现有可能找出因果关系（在文艺复兴时期）。在我看来，中国的贤哲没有走上这两步，那是

[①] 彭漪涟：《中国近代逻辑思想史论》，上海人民出版社1991年版。

用不着惊奇的。要是这些发现果然都作出了，倒是令人惊奇的事。"①惊奇吗？一点也不惊奇，这是因为就如同"几何学是希腊数学的特征，而代数为中国数学的特征"②一样，西方的演绎逻辑传统使西方的科学走上了理论科学的道理，而中国的名辩学传统则使我们更多地走上了实用技术的道路。《韩诗外传》和《史记》都分别记载了楚渠子和李广在无意识状态下把箭射入石中的现象，《晋书》也记载了谢灵运梦中作诗这一情况，但是中国古人没有谁能够进一步去探讨无意识问题。在宋代，中国人就能生产"丁白磁"——一种运用光学原理和视差原理的高级工艺品。中国古人凭借直观经验和手工艺术生产了"丁白磁"，却不知其深层的内在奥妙，也没有人想从理论上去探讨它。

"大量的事实说明了，在科技领域中，有许多发明或发现是由中国人先做出来的，但中国人没有提升到理论高度，提升到理论高度的往往由西方人承当：西方人提高之后，再传入中国。"③ 对于这一点，英国著名的史学家李约瑟指出："从历史看来，中国在技术上的许多发现，并未受到发现者们的宇宙观的质的影响。而且不能因为著书者的宇宙观未曾发展出伽利略与牛顿那样的科学，便使那些他鄙视的中国古籍里的经验知识的价值减低丝毫。反之，我认为适当的结论应该是：中国人关联式的思考或联想式思考的概念结构，与欧洲因果式或法制式的思想方式，在本质上根本就不同。……中国人关联式的思考绝不是原始的思想方式。也就是说，它绝非处于逻辑的混沌，以为任一事物皆可作为其他事物的原因，而让魔术师纯粹的幻想来指导人的观念。"④

---

① ［德］爱因斯坦：《爱因斯坦文集》第1卷，许良英、范岱年编译，商务印书馆1976年版。
② ［英］李约瑟：《中国古代科学思想史》，陈立夫译，江西人民出版社1990年版。
③ 张岱年、成中英：《中国思维偏向》，中国社会科学出版社1991年版。
④ ［英］李约瑟：《中国古代科学思想史》，陈立夫译，江西人民出版社1990年版。

其次，逻辑与数学的关系应该是非常密切的了，那么逻辑对数学的发展的影响在中西文化中如何呢？其实，西方数学的发展一直继承公理化、形式化以及证明的传统，而中国数学的发展同中国古代的逻辑理论与思想一样，重视具体问题的研究，缺乏形式化、公理化的方法。季羡林先生在《对21世纪人文学科建设的几点意见》中指出："后来，我看了一本书，是中国科学院一个有名的数学家、大数学家吴文俊教授，他给《九章算术》写了一篇序，他就讲，数学（吴文俊教授并不搞哲学，也不搞什么中西文化，他就是数学家），东方的数学与西方的不一样。西方的数学从公理出发，亚里士多德三段论法：凡人必死，张三人也，故张三必死，它从公理出发。立一公理：凡人必死，凡人怎么怎么样，下面演绎。中国呢，是从问题出发，从实际出发，所以中国数学的发展，不是从公理来的，是从问题来的，是从实际来的。"① 著名的哲学家张岱年也认为："就以数学而论，数学发展本身要求其抽象性比较高，可是中国古代数学家似乎也缺乏一种纯理论的兴趣，因而始终没有掌握纯粹靠公理为基础的证明技术，而只是为了解决一些实际应用的专门问题，比如《九章算术》，每一章解决一类问题，每一类问题采用一种方法，其中讲方田（丈量土地）、商功（工程审计）、勾股（三角形）都涉及几何学方面的问题，但它却不讲点、线、面、体之间的逻辑关系，而只讲如何计算。"②

再次，逻辑对人文社会学说的影响也是显而易见的。例如，在西方的语言学研究的过程中，17世纪，随着唯理主义哲学流派的出现，语言学的研究出现了一股语法逻辑化潮流，研究语言的人们倾向于把一切语言的语法范畴都看成是逻辑范畴的体现。如果语言的某些现象与逻辑

---

① 季羡林：《对21世纪人文学科建设的几点意见》，载《文史哲》，1998年第1期。
② 张岱年、成中英：《中国思维偏向》，中国社会科学出版社1991年版。

的公式相出入，就会被认为是不合理智而应该彻底消灭。逻辑成了语言研究的尚方宝剑。1660年出版的《普遍唯理语法》可以说是对斯考特（1266—1308）《关于普遍逻辑》一文精神的承继，该书把语法与逻辑联系起来，甚至等同。而在中国古代，语法学并不盛行，语言研究的思想大多体现在对古书的训诂之中，有清一代的很多训诂大家并不是以撰写了什么训诂理论专著而成名，相反，大多是因为解决了一些训诂的具体问题才名声赫赫的。1898年《马氏文通》出版，开创了中国语法研究的先河，系统的语法理论使中国的语言学工作者耳目一新，中国可以说这才有了自己的系统的语法理论。然而就是这样的系统理论的影响，值得我们深思。"由于索绪尔、布龙菲尔德、乔姆斯基等人的相继影响，语言研究越来越走向形式化，距离中国语言研究的传统越来越远，这究竟是祸是福值得深思。难怪有人要惊呼，《马氏文通》造成了中国语言研究的'断层'。"① 由此可见，中国古代的逻辑理论与思想对中国古代的语言学研究的影响可见一斑。

逻辑对哲学影响也是非常巨大的。就中国现代哲学的重建而言，胡适、金岳霖、冯友兰等人都借助了西方逻辑这样的工具，对中国哲学史的研究和推进做出了巨大的不可磨灭的贡献。胡适认为，他之所以能够推出全新的中国哲学史，最核心的是借助了逻辑的工具，逻辑的工具是他的立身之宝，学问之根基。他在《中国古代哲学史》台北版自记中说道："我这本书的特别立场是要抓住每一位哲人或每一个学派的'名学方法'（逻辑方法，即知识思考的方法），认为这是哲学史的中心问

---

① 潘文国：《比较汉英语法研究史的启示（续）》，载《语言教学与研究》，1996年第3期。

题。……这个看法，我认为根本不错。"① "哲学是受它的方法制约的，也就是说，哲学的发展是决定于逻辑方法的发展的。"② "我回顾九百年来的中国哲学史，不能不深感哲学的发展受到逻辑方法的制约的影响。"③ 冯友兰先生也指出："就我所能看出的而论，西方哲学对中国哲学的永久性贡献，是逻辑分析方法。"④ 金岳霖先生也认为："如果哲学主要与论证有关，那么逻辑就是哲学的本质。"⑤ 可以说，正是由于他们对逻辑方法的重视，冯友兰、金岳霖才建构了自己的哲学体系，形成了有特色的哲学学派，从而成为那一时期中国极富创造的哲学家。

三、文化对逻辑的制约

作为一种文化现象的逻辑，自其产生之日起就离不开文化对它的影响，而"三个不同的逻辑传统"是在不同的文化背景下独立产生的，也就必然会呈现出不同的特色和风貌。周礼全先生指出："逻辑所研究的正确推理形式及其规律的逻辑也是全人类共同的。在这个意义上，没有不同民族、不同阶级和不同个人的逻辑。但是，另一方面，逻辑作为一个知识体系，总是某一时代、某一民族和某些个人的产物，因而也就不可避免地要带有某个时代、某个民族和某些个人的特点。因此，在逻

---

① 胡适：《中国哲学史大纲》上卷，见《胡适学术文集·中国哲学史》，中华书局1991年版。
② 胡适：《中国哲学史大纲》上卷，见《胡适学术文集·中国哲学史》，中华书局1991年版。
③ 胡适：《中国哲学史大纲》上卷，见《胡适学术文集·中国哲学史》，中华书局1991年版。
④ 冯友兰：《中国哲学简史》，北京大学出版社1982年版。
⑤ 金岳霖学术基金会学术委员会编：《金岳霖学术论文选》，中国社会科学出版社1990年版。

辑发展的历史过程中，就产生了许多不同的逻辑体系，并形成了三个不同的逻辑传统，即中国逻辑传统、印度逻辑传统和希腊逻辑传统。"①

如果我们不带有任何偏见地来看待三个逻辑传统的话，演绎有效性只是亚里士多德逻辑的精粹，而并不是中国逻辑传统和印度正理—因明传统的精粹，甚至可以说，中国逻辑传统和印度逻辑传统并不着重关心演绎有效性的问题，而是对"辩胜""无过"情有独钟。

古希腊亚里士多德逻辑之所以产生，一方面是受西方语言中居于金字塔之顶的系词"是"的影响："对于逻辑学意义上的逻辑来说，语言中直到出现了系词'是'才可能充当具有形式意义的逻辑联结词，在日常语言中纯形式地使思想通过语言保持抽象统一性。……由此可见，系词'是'对于形式化的逻辑是至关重要的。如果希腊语言中没有系词'是'，亚里士多德逻辑就无从建立。正因为古代汉语中没有系词'是'，所以中国人始终没能建立真正具有纯形式性的逻辑体系。"② 亚里士多德逻辑是通过研究语言中的系词"是"才得以建立的。"to be"在西方语言中作为一种基本的语言形式是西方得以发展出本体论哲学、得以发展出逻辑学体系的一个重要原因。另一方面，亚里士多德逻辑也深受古希腊数学发展的影响，古希腊数学坚持一切数学结果必须依据明白规定的公理，用演绎法推出的信条，这也为亚里士多德逻辑对"有效性"的追求提供了前提。数学史家 M. 克莱因指出："希腊人在搞出正确的数学推理规律时就已奠定了逻辑的基础，但要等到亚里士多德这样的学者才能把这些规律典范化和系统化，使之形成一个独立科学。"③

---

① 大百科全书总编辑委员会《哲学》编辑委员会、中国大百科全书出版社编辑部编：《中国大百科全书·哲学》，中国大百科全书出版社 1987 年版。
② 张志伟：《是与在》，中国社会科学出版社 2001 年版。
③ ［美］克莱因：《古今数学思想》（第一册），张理京、张锦炎译，上海科技出版社 1979 年版。

"亚里士多德把这些形式整理成绝对正确的规则，因而实际上成为在数学领域之外用数学方法写出的第一个人。"① 可以说，如果没有古希腊数学的发展，就没有亚里士多德逻辑的出现和发展，如果没有古希腊语言中"系词"的普遍存在并对之进行研究，也同样没有亚里士多德逻辑的出现和发展。因此，我们可以说，亚里士多德逻辑是古希腊文化的发展结果。

古代中国没有盘旋出亚里士多德逻辑体系，也同样是中华文化的影响结果。中国传统文化，以人为本，正如同汉代神学家董仲舒对"王"的解释那样，"古之造文者三画而连其中谓之王，三者，天、地、人也。而参通之者，王也"。孔子也说过"一贯三为王"的话。中国人似乎从远古开始就非常重视生生和谐。"中国人是对知天意感兴趣，以使求福避祸。至于天的本质，他们不关心。这一事实表明，中国人并不把实质的范畴用于关于天的思想，不把天当作宇宙的最终的材料。"② 中国文化讲究"天人合一"，不以探索世界本质、获取科学知识为基本追求，把对政治、对伦理的关注放在了极为重要的位置。有的研究者把中国文化的特征概括为"主体的自我中心性"③，认为这种文化一直缺乏一种很强的外倾性，对外部世界缺乏很迫切的关注，对自然与自然的运作以及自然现象背后的规律没有那种非常强烈的兴趣。这种文化所带来的思维特征是"以己度物"和"想象性的类概念"，认识方式上表现为主体不是自觉地适应客观现实，而是用主观特点去改造现实，不是让主体适应客体，而是让客体适应主体，经常用表现代替再现，用一种对现实的想当然改造来代替纯客观的反映。用已知比附未知，从个别具体的

---

① ［德］亨利希·肖尔兹：《简明逻辑史》，杨一之译，商务印书馆 1977 年版。
② 张东荪：《中国哲学家的知识论》，载《燕京社会研究》，1939 年第 1、2 期。
③ 张卫中：《母语的魔障》，安徽大学出版社 1998 年版。

对象去寻找外界事物相同或相似的特点，带有强烈的具象性特征。这种文化特征从价值论的角度来说，它不利于与理性与逻辑有关的科学的进步与发展。因此，可以说，这种文化特征就使得逻辑在中国古代始终未能独立出来，并获得充分完善的发展。也是基于对这种文化特征的分析，有的学者就认为："中华文化中为什么没有衍生出形式逻辑？非不能也，乃不为也"①。

四、余论

逻辑与文化之间的密切关系至少可以给我们今天的逻辑学研究提供以下启迪：

首先，逻辑学的研究要给予逻辑以历史的文化考察。

著名的逻辑史学家杜米特留曾经说过，逻辑就是它的历史，而逻辑史就是逻辑本身。我国现代逻辑事业奠基人金岳霖先生也曾一再强调研究中国逻辑史的重要意义。我们的逻辑学研究不能割断历史，不能只重视逻辑发展的结果而忽视甚至抛弃逻辑发展的历史过程。语言学能够区分历时语言学和共时语言学，逻辑学的研究是否也应该作出这样的划分呢？这样也许会避免有的学者在大庭广众之下说出"研究逻辑史有什么用"这样的惊世骇俗的话了，也许可以避免关于"什么是逻辑"的大相径庭的看法和认识了。

从发生学意义上看，逻辑的产生确实是文化催生的结果，逻辑是一种文化。亚里士多德型逻辑的产生是与西方的语言实际和数学发展密切相关的，中国古代的语言实际和中国古代数学的发展，以及中国思维方

---

① 陈慕泽：《中华传统文化缘何未成为全球化大厦担纲之梁——谈逻辑与分析理性》，载《湖南科技大学学报》（社会科学版），2005年第5期。

式的嬗变，不能具有产生亚里士多德型逻辑的需要。就如同不能笼统地说数学的产生和发展超越文化一样，也不能笼统地说逻辑的产生和发展是超越文化的，具有超越文化的普遍性。从文化的角度去阐释逻辑，目的不在于要取消逻辑的先天性、最高性、普遍性，而是要说明逻辑在文化建设中的重要作用和意义，尤其是在分析理性不十分发达的中国更要弘扬这种精神，因为科学理论不仅需要辩证理性，也同样需要科学理性。

其次，逻辑学的研究要找准文化切入点。

逻辑学的研究必须重视逻辑的社会文化功能，发挥逻辑学在人文社会科学中的积极参考、理性规范的重要作用。正如著名科学社会学家B.巴伯在其名著《科学与社会秩序》一书中对逻辑学的这种功能所强调的那样，认为逻辑学是"社会理性化的支柱性学科"，逻辑的缺位意味着理性的缺位。在今天的文化建设中，不能没有"逻辑精神"，因为它"既是科学精神的基本要素，也是民主法治精神的基本要素。建立在逻辑基础之上的形式理性是科学体系与民主政治的共同基础"[1]。在我国的社会主义现代化进程中，民主与法制的确立、市场经济秩序的规范等都需要逻辑学提供工具性质的指导作用。因之，我们的逻辑学研究就应该切入这种文化氛围，为社会主义现代化建设服务。

另外，我们今天所建设的文化，已经不再是单一的中国传统文化，而是多元的复式文化，是一个东西方文化和谐共处、古今文明协调发展的文化，当然在这种文化中，也还有中西文化、古今文明的冲突，也还有很多不协调的地方，但总体上是和谐的，这就要求我们的逻辑学研究尽可能地集因明、逻辑学与名辩学的大成以服务于我们的和谐社会的建设。和谐社会的建设需要逻辑学，逻辑学更需要和谐的社会。

---

[1] 张建军：《真正重视"逻先生"》，载《人民日报》，2002年1月12日。

附录二　逻辑东渐与中国文化

中国近现代文化建设的一个重要标志就是西学东渐，洋为中用。形形色色的西方思潮、流派潮起云涌般地挤进中国，作为西方科学发展两大基础之一的由古希腊哲学家、逻辑学家亚里士多德发明创立的传统逻辑体系也赶潮似地远渡重洋，飘来中国。一时间严复翻译的《穆勒名学》《名学浅说》，王国维翻译的《辩学》，胡茂如译介的《论理学》，林可培编译的《论理学通义》等著作如雨后春笋般出现在中国文化界。

其实，逻辑学的输入，由来已久，明代李之藻（1564—1630）翻译了国内第一部西方逻辑学著作——《名理探》，该书为17世纪初葡萄牙的高因盘利大学耶稣会会士的逻辑讲义，原名为《亚里士多德辩证法概论》。据说李之藻在翻译《名理探》《寰有诠》二书时，寒暑五易，须发尽白，一可见其用力之艰，二可见逻辑学著作之翻译不易。李之藻之后还有《名学类通》《辩学启蒙》《名理学》等逻辑学著作的翻译。不管怎么说，逻辑学东渐，由传教士或教徒的不系统、不计名家的翻译而至选辑名家著作翻译，再至内容丰富、更具系统的翻译，乃至又译又著、夹译夹著，逻辑学作为西洋文化的一部分竟堂而皇之地走进了中国的文化殿堂。但在严复翻译西方逻辑学著作之前并没有产生大的影响。

西方逻辑学在中国的传入曾有过两次辉煌无比的历史。第一次是在严复翻译《穆勒名学》《名学浅说》之后在国内形成的一股提倡方法救国的热潮。第二次是在20世纪70年代末80年代初改革开放、百废待兴之时而兴起的学逻辑学、用逻辑学的热潮。

严复翻译西方的逻辑学著作,肇始于他认为或是他赞同弗兰西斯·培根的观点,认为逻辑乃是"一切法之法,一切学之学"①。在严复看来,学习西方先进的自然科学固然重要,坚船利炮固然厉害,但这些只是西方科学技术的标,是西方科学技术的具体体现,而不是最为本质的东西,最根本的是要学习西方科学研究的方法和途径,既要知其然,又要知其所以然。他说:"如汽机兵械之伦,皆其形下之粗迹,即所谓天算格致之最精,亦其能事之见端,而非命脉之所在。其命脉云何?苟扼要而谈,不外于学术则黜伪而崇真,于刑政则屈私以为公而已。"② 这样,严复意识到要学习西方的科学研究的方法,学习逻辑学就成了当务之急,一则于学术可以去伪存真,二则于政治可以屈私而为公,更主要的是他认为逻辑学中由培根创立的归纳法,是推动西方科学进步、推动人类历史文明进步的关键,正如他所说的:"惟能此术(归纳法),而后新理日出,而人伦乃有进步之期"③。而(训诂之学)又恰是"吾国向来为学,偏于外籀,而内籀能事极微"④,"旧学之所以多无补者,第其所本者,大抵心成之说,持之似有故,言之似成理,媛姝者以古训而严之,初何尝取其公例,而一考其所推概者之诚妄乎?此学术之所以多

---

① [英]穆勒:《穆勒名学》,严复译,商务印书馆1981年版。
② 严复:《论世变之亟》,胡伟希选注,辽宁人民出版社1994年版。
③ [英]耶方斯:《名学浅说》,严复译,商务印书馆1981年版。
④ [英]耶方斯:《名学浅说》,严复译,商务印书馆1981年版。

诬，而国计民生之所以多病也。"① 正是在这种思想之下，严复才大力倡导译介西方的逻辑学著作，才有《穆勒名学》《名学浅说》的翻译出版（严译西方八部名著中，就有两部是逻辑学著作，由此也可见其对逻辑学的重视）。"严复翻译逻辑学著作的工作开创了我国思想界教育学习和研究逻辑学的新时期，其影响巨大而深远。"② 诚如郭湛波先生所言："自严先生译此二书，论理学始风行国内，一方学校设为课程，一方学者用为致学方法。"③ 章士钊先生也指出："为国人开示逻辑途径，侯官严氏允称巨子。"④ 严复的一片良苦用心虽未能救国救民，却成就了逻辑学在中国的输入和发展，其在中国近现代文化建设中功不可没。

因为严复系统地把西方的逻辑学思想输入国内，一时间我国近现代文化论坛上各方面的代表人物如孙中山、梁启超、章太炎、王国维、胡适、章士钊、金岳霖、冯友兰、牟宗三、朱光潜等都曾对西方逻辑学作过有力的推介。正是由于有了这些基础，西方逻辑学的输入已不再仅只停留在传统逻辑的范围内，也开始了现代数理逻辑的引进。

由于西方逻辑学被成功地输入，并在一定范围内、一定程度上为国人所接受，因此，逻辑学在中国的发展、引申必然要介入中国的文化建设，成为中国文化建设必不可少、密不可分的一部分。"中国学术由于吸收了逻辑的成果和方法而呈现出崭新的面貌，定义和划分的运用，推理和论证的讲究，成了现代学术著作有别于古代学术著作的一大特色。"⑤ 有的学者甚至认为逻辑学的传入改变了中国文化的特征，"可以

---

① ［英］穆勒：《穆勒名学》，严复译，商务印书馆1981年版。
② 崔清田：《逻辑与中国文化的发展与建设》，载《理论与现代化》，1997年第5期。
③ 李匡武主编：《中国逻辑史》，甘肃人民出版社1989年版。
④ 章士钊：《逻辑指要》，生活·读书·新知三联书店1961年版，例言。
⑤ 程仲棠：《逻辑要与中国现代文化接轨》，载《社会科学战线》，1996年第4期。

说，自鸦片战争以来，中国逐渐地初步地形成了第二个文化传统即现代化，它与第一个文化传统即古代文化的一个重要区别就是引进了西方逻辑"①。

"逻辑"一词源自英文的 logic，而 logic 又源自古希腊语逻格斯，原指思想、理性、言辞、规律等，严复首创音译作逻辑，但他又似乎对这个音译没有多少把握，遂转而义译作"名学"，并道出了这样做的理由："逻辑此释名学，其名义始于希腊，为逻格斯一根之转。逻格斯一名兼二义，在心之意，出口之词皆以此名。引而申之，则为论、为学。……而本学之所以称逻辑者，以如贝根（即培根）言，是学为一切法之法，一切学之学；明其为体之尊，为用之广，则变逻格斯为逻辑以名之，学者可以知其学之精深广大矣。逻辑最初译本为固陋所及见者，有明季之《名理探》，乃李之藻所译，近日税务司译有《辩学启蒙》。曰探、曰辩，皆不足与本学之深广相副。必求其近，始以名学译之。盖中文惟'名'字所涵，其奥衍精博与逻格斯字差相若，而学问思辨皆所以求诚，正名之事，不得舍其全而用其偏也。"② 后经章士钊大声疾呼，有《论翻译名义》一文出，"以音译名，乃如 logic 直译作逻辑……吾国字体，与西方迥殊，它国文字无从孳乳，以音译之，所以补此短也。至 logic，吾取音译而曰逻辑，实大声宏，颠扑不破，为仁智所同见，江汉之所同归，乃崶焉无复置疑者"③。"逻辑"一词始扎根中土，虽然逻辑学这一学科的知识尚未普及，而"逻辑"却是在现代汉语中使用频率较高的一个外来词。

然而就在逻辑学急急乎登堂入室之时，却遇到了无法忍受的尴尬，

---

① 程仲棠：《逻辑要与中国现代文化接轨》，载《社会科学战线》，1996 年第4 期。
② ［英］穆勒：《穆勒名学》，严复译，商务印书馆 1981 年版。
③ 章士钊：《逻辑指要》，生活·读书·新知三联书店 1961 年版。

似乎逻辑一学对于中土只能是匆匆过客，或者说只是少数有识之士的应邀嘉宾，很难从小家碧玉而变成大家闺秀。余秋雨先生的《酒公墓》的主人公张先生就可以说是尴尬的逻辑的真实写照。张先生曾留学美国，因读了胡适之先生用英文所写的有关先秦逻辑学（书名为《先秦名学史》，英文名为 *The Development of the Logical Method in Ancient China*）的博士论文，决定也去攻读逻辑学。但他的主旨与胡适之先生并不相同，只觉得中国人思绪太过随意，该用逻辑来理一理。留学生中大家都戏称他为"逻辑救国论者"。① 20 世纪 20 年代末，张先生学成回国，"人们知道他是美国留学生，都主动地靠过寒暄，而一听到讲逻辑，很快就表情木然，飘然离去"②。即使不飘然离去，谈起逻辑，也都把逻辑理解得奇形异状，有的说"（逻辑）乃收罗纂辑之学，为一切学问之根基"；有的说"（逻辑）乃巡逻的罗，不是收罗的罗"，并把张先生理解成"是否已到巡捕房供职"，原来他们又把（逻辑）理解成了"巡逻侦缉"。张先生最终的境遇也就只能是："他懂逻辑，因此，告别逻辑，才合乎逻辑。"③ 这正是逻辑学在当时中国的命运。

到了 20 世纪 30 年代，当时苏联的唯物辩证法教科书被引进我国，而当时的苏联是把形式逻辑当做形而上学加以批判的，我国辩证哲学界也展开了对形式逻辑的批判，虽然批判的说法各有所异，但形式逻辑等同于形而上学则是共同的。

20 世纪五六十年代，受苏联哲学界的影响，把辩证逻辑当成高等代数，而把形式逻辑看成是初等代数，有些人甚至十分盲目地拒斥西方现代逻辑思想，1966 年以后的近十年中，学校的逻辑学课甚至也被取

---

① 余秋雨：《文化苦旅》，知识出版社 1992 年版。
② 余秋雨：《文化苦旅》，知识出版社 1992 年版。
③ 余秋雨：《文化苦旅》，知识出版社 1992 年版。

消了，逻辑学跌入了深深的苦难之谷。

20世纪70年代末80年代初，我国工业、农业百废俱兴，文化、教育也逐渐复苏，逻辑学再次成为有识之士关注的科学，除了恢复逻辑学的教学外，逻辑学工作者积极从事着逻辑学的提高与普及工作，中国逻辑函授大学应运而生，并在很多中、小城市相继设立了逻辑学函授大学分校，拥有在籍学员十一届四十三万余人，极大地推动了逻辑学在中国的发展。逻辑学教材一编再编，一印再印，学逻辑，用逻辑几成时尚。然而好景不长，逻辑学在经济大潮的冲击之下，飘然而来，倏忽而去。先是1988年从中学教材中删除了有关逻辑学的教学内容，紧接着一些专家学者倡导在师范院校的课程中取消逻辑学课程。时至今日，这种状况愈演愈烈，有人甚至提出彻底消除逻辑的论调，甚至附和"解开逻辑的铁索，消除逻辑的重压"，"打破逻辑法则的专横统治，争取思想的更自由呼吸"①，似乎逻辑学成了禁锢人们自由思想的桎梏。

逻辑学作为一门科学，作为一门为一切科学提供工具的科学，其作用和意义是巨大的。可以这样说，任何一门科学的存在，都必须以提出概念，作出判断，提出假说，进行论证作为基础，所以列宁说，一切科学都是对逻辑的应用，都是应用逻辑。爱因斯坦深刻而又尖锐地指出："西方科学的发展是以两个伟大成就为基础，那就是希腊哲学家发明形式逻辑体系（在欧几里得几何学中），以及通过系统的实验发现有可能找出因果关系（在文艺复兴时期）。"② 逻辑学在西方被视作为极为重要的一门课程。1974年联合国教科文组织颁布的基础科学目录中，逻辑学位居第二，20世纪70年代末出版的《大英百科全书》，其目录卷

---

① ［德］恩斯特·卡西尔：《语言与神话》，于晓等译，生活·读书·新知三联书店1988年版。
② 赵中立、许良英编译：《纪念爱因斯坦译文集》，上海科学技术出版社1979年版。

的科学分类栏目中，逻辑学位居各门自然科学之首。为什么逻辑学在西方深受青睐，而在中国却频遭厄运，像幽灵一样飘来忽去无法扎根呢？是中国文化拒斥西方的逻辑学，抑或西方的逻辑学根本就与中国传统文化方枘圆凿无法融合呢？

反观近现代中国文化的发展，我们可以把逻辑学的引进和输入同语言学、语法学的引进和输入作一比较。同逻辑学一样，中国古代没有系统的语法学，"传统汉语的研究很少谈及语法，'现代'意义上的研究是从1898年《马氏文通》才开始的"①。从马建忠的《马氏文通》起，中国的语法学工作者虽也曾走过一段模仿西洋语法的路子，但他们确实在做这样的工作，即用西方的语言学理论框架解释汉语的实际，因为他们都认识到了语言组织规律的研究在语言研究中的重要地位。虽然这种研究弯弯曲曲地走了不少弯路，不免有西化或欧化的痕迹，却是实实在在地把语法研究的根深深地扎在汉语实际的土壤之中，使得在中国古代学术研究中只是偶尔为之的文法研究一下子成了语言研究的绝对核心。虽然"由于索绪尔、布龙菲尔德、乔姆斯基等人的相继影响，语言研究越来越走向形式化，距离中国语言研究的传统越来越远，这究竟是祸是福值得深思。难怪有人要惊呼，《马氏文通》造成了中国语言研究的'断层'"②，并进而把中西语言共性研究作为"中国语言学的业务之急"，然而，自《马氏文通》以后，中国的语言学、语法学工作者如王力、吕叔湘、黎锦熙、赵元任、陈承泽等人一方面借鉴西方的语法体系和框架，另一方面又植根汉语实际，努力开创具有汉语特色的语言研究

---

① 潘文国：《比较汉英语语法研究史的启示》，载《语言教学与研究》，1996年第2期。
② 潘文国：《比较汉英语语法研究史的启示（续）》，载《语言教学与研究》，1996年第3期。

新局面,使得汉语言研究一步一步地贴近汉语实际,直至创立了具有中国特色的汉语语言研究,有了自己的关于汉语特征的独立分析和思考,找出了汉语不同于西方语言,尤其是不同于英语、拉丁语的独特之处,既强调了汉语同其他语言所具有的共同性,又强调了汉语言不同于其他语言的个性,使汉语研究逐渐走向成熟。

与语言学的研究不同,逻辑学的引入一开始就是建基在"寻逻辑之名,起于欧洲,而逻辑之理,存乎天壤"①的假设上,认为语言具有民族性,而逻辑则具有普遍性、全人类性、唯理性。在充分强调认识逻辑学的普遍性的同时,忽视了逻辑学自身的个性发生、发展的研究,似乎认为只有西方亚里士多德型的逻辑系统是适应全人类、全社会所有民族的语言和思维方式的普遍性原理和一般准则。我们认为,我们今天所讲授的和学习的逻辑(普通逻辑)体系是亚里士多德在通过对古希腊语言进行深入细致的研究的基础上提出的。法国学者本维尼斯特1958年发表了论文《思想的范畴与语言的范畴》,以令人信服的分析,证明了亚里士多德的思想范畴其实是一种语言的范畴。所以,英国语言学家莱恩(A. Lance)认为当初是亚里士多德把这些术语从语法上借到了逻辑上,而不是相反。亚里士多德逻辑体系的形成和完善建基于西方文化背景的氛围之中,是通过对西方语言的分析而逐渐形成和完善的,它一定会打上地域和文化的烙印,可以说它是西洋文化、西洋文明的产物。

而我们的逻辑学工作者在翻译西方逻辑学著作时,似乎都未曾注意到这一点,好像都认为亚里士多德逻辑学体系可以适用于全世界所有的文明,所有的文化、所有的语言体系、所有的思维方式,甚至适用于所有民族的思维实际。这样由于没有自己的逻辑哲学观和语言哲学观,引

---

① 章士钊:《逻辑指要》,生活·读书·新知三联书店1961年版,自序。

进逻辑学体系时往往流于体系的套用或方法的摹写，根本不去考虑分析研究两个民族在诸多方面的分歧和差异，一味地生搬硬套，一味地在本民族文化、语言、思维样式中寻找与西方逻辑中相同的地方。西方有的，我们也有，似乎就不比别人差多少了，这是民族虚无主义的体现。似乎就没有人去这样想，有很多我们本民族有的而西方却没有，民族的才是世界的。求同固然能找到双方共通的东西，差异未必就不能使两个民族的文化联系起来。

章士钊的《逻辑指要》还能够注意到西方逻辑学与汉语表达形式之间的不协调，他指出："中国语言，往往包括相反两面，如言'要害'。颜师古云：在我为要，在敌为害，是隐括敌我两面也。推之，言利害，意害而不意非害；言缓急，意急而不意非急；言早晚，意早而不意晚。凡出语两意兼收，令相克而相成，诸如此类，不胜枚举。"① 那么，我们今天所编写的逻辑学教材则连这点影子也没有了。逻辑学的研究越来越形式化，距离中国语言研究的传统越来越远，距离中国的语言实际、思维实际也越来越远，形成了中国文化氛围中的独立大队，使得逻辑的研究远离经验思维和汉语实际，乃至远离中国文化思潮的状况愈演愈烈。

由于西方逻辑学是建基在西方语言的实际的分析基础之上的，体现了西方民族的思维特征，所以使得国人学习逻辑学必然遇到这样两个困境，一个是语言习惯迥异的困境；另一个是具体思维样式不同的困境，即学习逻辑学要变换汉民族的思维样式。由于没有区别中西思维样式中具象与抽象、直觉与推断、整体与分析，忽视中西逻辑状况发生、发展的具体环境、具体背景、具体特征，一味强调逻辑学的所谓共性特征，

---

① 温公颐主编：《中国逻辑史教程》，上海人民出版社1988年版。

使得逻辑学的学习者总是觉得不像是在学习一门科学，倒更像是在学习一门"外语"。学习外语，要用外语思维，而学习体现西方思维特征的西方传统逻辑学却要使用中国人的思维样式，这难免有很多不适应不相协调的地方。摒弃中国文化中思维样式，一味追求所谓的"规范性""有效性"，难免有削足适履之嫌，所以，教者彰彰，学者藐藐。

思维样式有别，语言体系迥异，这就使得西方的亚里士多德逻辑学体系在中国的发展步履维艰。中国文化以它博大精深的胸怀容纳了很多外来文化和文明，不是不可以接纳逻辑学的。逻辑学作为一种方法，一种工具，遨游了几乎整个人类的文化和文明。我们今天正开启全面建设社会主义现代化国家新征程，这一伟大事业需要逻辑学，中国文化、中华文明也需要逻辑学，逻辑学应该在、也可以在中国安家落户，这就需要我们的逻辑学工作者一方面确立新的"习惯"，实现东西思维、语言的顺利对接、转换，另一方面立足汉语实际，把中国人思维的精髓同西方思维融会贯通，实现亚里士多德逻辑学、现代逻辑在中华大地上的顺利嫁接，创立具有中国特色的汉语逻辑学。

我们应该承认，逻辑是一种文化，这不论是从逻辑产生的源头说起，还是从逻辑的发展说起，不论是纵向的逻辑探索，还是横向的逻辑比较，都能够看到逻辑是一定的文化氛围产物。即使是今天已经高度发展了的现代逻辑，也是如此，它也是一种文化现象。随着我国逻辑学现代化进程的深入，随着逻辑研究的逐渐西方化，逻辑研究几乎成了西方逻辑学研究的延伸。整个逻辑学的研究充斥着西方的逻辑理论和思想，充斥着罗素、弗雷格、克里普克、维特根斯坦、苏珊·哈克、哈贝马斯；等等，似乎逻辑学就只能是西方的逻辑学。与研究西方逻辑的如火如荼相比，与研究现代逻辑的人声鼎沸相比，中国逻辑的研究实在是"门前冷落车马稀"。西方哲学经过长期演变形成了一个视理论生活为一切生活形式之典范的倾向，与之相关联的便是根深蒂固的逻格斯中心主义的传统，只把注意力集中在理论研究之上，这种传统给我们的逻辑学研究带来的便是演绎逻辑的中心主义。正如西方逻辑研究的学者自己反思的那样："自然言语在使用上的许多特征，尽管具有足够的普遍性并因而值得在语言逻辑的名义下加以研究，然而却不可避免地在'形式逻辑'的狭隘标题下被打入冷宫"，"与形式逻辑并肩而行，并与之部分重合的是另一种研究，这就是对日常言语的逻辑特征的研究。……在结果中我们不指望会找到为形式逻辑的句法关系所具有的那种精致和系统性，但是，同样真实的是，日常言语的逻辑提供的是一种在丰富性、复杂性及吸引力方面都无与伦比的知识领域"。① 与此相对应，西方学者在数学研究中的反思也可以为我们的逻辑学研究提供有益的警示，正如R. 格朗在《什么是数学》中指出的那样："数学教育正在出现严重危机。不幸的是，数学教育工作者对此应负责任。数学的教学逐渐流于无意义的单纯演算习题的训练。固然这可以发展形式演算能力，但却无助于对数学的真正理解，无助于提高独立思考能力。忽视应用，忽视数学与其他领域之间的联系，这种状况丝毫不能说明形式化方针是正确的；相反，在重视智力训练的人们中必然激起强烈的反感。"同样，作为数理逻辑大家的鲍亨斯基关于卢卡西维茨的下述回忆是个绝妙的好例子：

> 卢卡西维茨是一位天才……在他相对不多的论文中，大都是完美的，以致对它们不能删减和补充，就像我们另一位朋友和老师亨利希·肖尔兹常说的，这些论文"优美而准确"。

---

① P. F. Strawson："Two Kinds of Logic", in G. Iseminger (ed), *Logic and Philosophy：Selected Readings*, New York：Appleton – Centuey – Crofts, 1968.

在华沙，有一个晚上我去看望卢卡西维茨。他坐在打字机前，正在打一条逻辑证明，因为他的语言可以用打字机写，这是它的优点之一。他看见我，从打字机上抽出那张纸，向我展示了最后一条定理，它看上去大概是：

$$CCCCCKCACCNKNKCCCppppp\cdots\cdots usw$$

他热烈地说：“多么不可思议的优美！多么显然的真！”当时我考虑了"显然"这一概念，因为他的"显然"对我来说显而易见还不是显然的：$CCCCCKCACCNKNKCCCp\cdots\cdots!$①

同样是受过严格训练的数理逻辑学家鲍亨斯基，对这样严格的高度形式化的人工语言表达也感到不是那么"显然"的，那么对于一般人而言，就更加不是显然的了。所以鲍亨斯基就从数理逻辑学家的角度谆谆告诫我们："牢牢记住形式系统总是抽象的，决不可把它与实在画等号。因此，决不应该把形式化方法当作唯一的方法，相反，应结合其他方法一起使用形式化方法。"②

我们在反思今天逻辑教学与研究的尴尬状况时，必须保持这样的清楚认识：即使是形式化程度非常之高的现代逻辑，也如同数学一样，是一种文化的产物，是一种文化现象。我们不能坐在象牙塔中慨叹逻辑在现实生活中的冷遇，这种冷遇是我们目前的研究方向和方法的必然结果。我们的逻辑学研究必须与中国文化结合，把准中国文化发展的脉动，实现逻辑研究的文化之路；逻辑学的研究必须与中国的现代化建设密切相关，要能够为我们的现代化建设提供解题功能，成为现代化建设的有力工具。正像晋荣东指出的那样："作为一门规范性学科，包括现

---

① 王路：《一个逻辑学家的回忆》，载《哲学译丛》，1987年第1期。
② ［德］鲍亨斯基：《当代思维方法》，童世骏等译，上海人民出版社1987年版。

代逻辑在内的逻辑科学不仅应该而且有能力发挥其社会文化功能,在现代性的建构与批判方面有所作为,但这种功能的发挥不能建立在对自身能力盲目自信的基础上。如果不对现代逻辑的规范性给予深刻反思,不对现代化进程及其向逻辑研究提出的挑战给予认真考察,那么一般地说,我们就不可能对逻辑的社会文化功能及其限度有正确的认识,而具体地讲,当代中国逻辑恐怕也就难以卓有成效地参与现代性的建构与批判,'逻辑现代化''逻辑为现代化服务'的口号自然也就难以得到具体的落实。"①

---

① 晋荣东:《逻辑何为——当代中国逻辑的现代性反思》,上海古籍出版社2005年版。

主要参考文献

著作类

1. 崔清田主编：《名学与辩学》，山西教育出版社1997年版。
2. 温公颐主编：《中国逻辑史教程》，上海人民出版社1988年版。
3. 崔清田：《显学重光》，辽宁教育出版社1997年版。
4. 周云之、刘培育：《先秦逻辑史》，中国社会科学出版社1984年版。
5. 孙中原：《中国逻辑史（先秦）》，中国人民大学出版社1987年版。
6. 曾祥云：《中国近代比较逻辑思想研究》，黑龙江教育出版社1992年版。
7. 张汝伦编选：《理性与良知——张东荪文选》，上海远东出版社1995年版。
8. 沈有鼎：《墨经的逻辑学》，中国社会科学出版社1980年版。
9. 程仲棠：《现代逻辑与传统逻辑》，暨南大学出版社1990年版。

10. 韩民青：《文化论》，广西人民出版社 1989 年版。

11. 马玉珂主编：《西方逻辑史》，中国人民大学出版社 1985 年版。

12. 申小龙：《中国文化语言学》，吉林教育出版社 1990 年版。

13. 胡明扬：《语言与语言学》，湖北教育出版社 1985 年版。

14. 桂诗春：《心理语言学》，上海外语教育出版社 1985 年版。

15. 王晓升：《语言与认识》，中国人民大学出版社 1994 年版。

16. 朱智贤、林崇德：《思维发展心理学》，北京师范大学出版社 1986 年版。

17. 褚孝泉：《语言哲学——从语言到思想》，上海三联书店 1991 年版。

18. 林语堂：《中国人》，学林出版社 1994 年版。

19. 李匡武主编：《中国逻辑史》，甘肃人民出版社 1989 年版。

20. 钱穆：《双溪独语》，台湾学生书局 1981 年版。

21. 彭漪涟：《中国近代逻辑思想史论》，上海人民出版社 1991 年版。

22. 胡适：《先秦名学史》，学林出版社 1983 年版。

23. 冼为铿：《谈文字说古今》，澳门基金会 1994 年版。

24. 袁晓园主编：《二十一世纪——汉字发挥威力的时代》，光明日报出版社 1988 年版。

25. 蒋善国：《汉字学》，上海教育出版社 1987 年版。

26. 裘锡圭：《文字学概要》，商务印书馆 1988 年版。

27. 周有光：《世界字母简史》，上海教育出版社 1990 年版。

28. 沈兼士：《沈兼士学术论文集》，中华书局 1986 年版。

29. 申小龙：《汉语人文精神论》，辽宁教育出版社 1990 年版。

30. 吕思勉：《文字学四种》，上海教育出版社 1985 年版。

31. 申小龙、张汝伦主编：《文化的语言视界》，上海三联书店 1991 年版。

32. 顾嘉祖、陆昇主编：《语言与文化》，上海教育出版社 1990 年版。

33. 邢福义：《文化语言学》，湖北教育出版社 1990 年版。

34. 张岱年、成中英：《中国思维偏向》，中国社会科学出版社 1991 年版。

35. 中国文化书院学术委员会编：《梁漱溟全集》第 1 卷，山东人民出版社 1989 年版。

36. 申小龙：《中国句型文化》，东北师范大学出版社 1988 年版。

37. 冯友兰：《冯友兰学术论著自选集》，北京师范学院出版社 1992 年版。

38. 中国社会科学院哲学研究所编著：《金岳霖学术思想研究》，四川人民出版社 1987 年版。

39. 黎锦熙：《新著国语文法》，商务印书馆 1956 年版。

40. 高名凯：《汉语语法论》，科学出版社 1957 年版。

41. 王路：《亚里士多德的逻辑学说》，中国社会科学出版社 1991 年版。

42. 王力：《汉语史稿》（中册），中华书局 1980 年版。

43. 周云之：《名辩学论》，辽宁教育出版社 1996 年版。

44. 张岱年：《张岱年文集》，清华大学出版社 1992 年版。

45. 章士钊：《逻辑指要》，生活·读书·新知三联书店 1961 年饭。

46. 申小龙：《语文的阐释》，辽宁教育出版社 1991 年版。

47. 冯友兰：《三松堂学术文集》，北京大学出版社 1984 年版。

48. 张黎：《文化的深层选择——汉语意合语法论》，吉林教育出版社 1994 年版。

49. 吴家国：《普通逻辑述评》，上海人民出版社 1990 年版。

50. 吴晓明：《科学与社会》，上海远东出版社 1995 年版。

51. 徐友渔、周国平、陈嘉映、尚杰：《语言与哲学》，生活·读书·新知三联书店 1996 年版。

52. 任继愈：《任继愈学术论著自选集》，北京师范学院出版社 1991 年版。

53. 伍铁平：《语言与思维关系新探》，上海教育出版社 1986 年版。

54. 赵中立、许良英编译：《纪念爱因斯坦译文集》，上海科学技术出版社 1979 年版。

55.《中国逻辑思想论文选（1949—1979）》，生活·读书·新知三联书店 1981 年版。

56. 中国逻辑学会形式逻辑研究会编：《形式逻辑研究》，北京师范大学出版社 1984 年版。

57.《中国逻辑史研究》编辑小组编：《中国逻辑史研究》，中国社会科学出版社 1982 年版。

58. Chad Hansen: *Language and Logic in Ancient China*, Michigan: The University of Michigan Press, 1982.

59. ［德］威廉·冯·洪堡特：《论人类语言结构的差异及其对人类精神发展的影响》，姚小平译，商务印书馆 1997 年版。

60. ［英］马林诺夫斯基：《文化论》，费孝通等译，中国民间文艺出版社 1987 年版。

61. ［苏］兹维金采夫：《普通语言学纲要》，伍铁平等译，商务印书馆 1981 年版。

62. ［波兰］沙夫：《语义学》，罗兰、周易合译，商务印书馆 1979

年版。

63. [美] 弗朗兹·博厄斯：《原始艺术》，金辉译，上海文艺出版社 1980 年版。

64. [德] 文德尔班：《哲学史教程》，罗达仁译，商务印书馆 1987 年版。

65. [英] 李约瑟：《中国古代科学思想史》，陈立夫译，江西人民出版社 1990 年版。

66. 晋荣东：《逻辑何为——当代中国逻辑的现代性反思》，上海古籍出版社 2005 年版。

论文类

1. 崔清田：《中国逻辑史研究世纪谈》，载《社会科学战线》，1996 年第 4 期。

2. 崔清田：《逻辑与中国文化的发展和建设》，载《理论与现代化》，1997 年第 5 期。

3. 崔清田：《墨家辩学研究的回顾与思考》，载《载南开学报》，1995 年第 1 期。

4. 周云之：《再论中国逻辑史研究的对象和方法》，载《哲学研究》，1991 年第 6 期。

5. 诸葛殷同：《关于中国逻辑史研究的几点看法》，载《哲学研究》，1991 年第 11 期。

6. 王路：《逻辑和语言》，载《哲学研究》，1989 年第 7 期。

7. 李先焜：《语言、逻辑和语言逻辑》，载《哲学研究》，1986 年第 8 期。

8. 蔡伯铭:《把中国逻辑史的研究提高一步》,载《湖北师范学院学报》,1992年第2期。

9. 朱晓农:《秦人逻辑论纲》,见申小龙、张汝伦主编:《文化的语言视界》,上海三联书店1991年版。

10. 严锋:《数码复制时代的知识分子的命运》,载《读书》,1997年第1期。

11.《繁荣逻辑科学,促进哲学发展——访中国社会科学院哲学所逻辑室五》,载《哲学动态》,1995年第12期。

12. 尚志英:《中西逻辑在命题和推理理论方面的学术差异》,见《现代逻辑与逻辑比较研究》,开明出版社1992年版。

13. 刘培育:《类比推理的本质和类型》,见《形式逻辑研究》,北京师范大学出版社1984年版。

14. 季羡林:《21世纪人文学科建设的几点意见》,载《文史哲》,1998年第1期。

15. 潘文国:《比较汉英语法研究史的启示》,载《语言教学与研究》,1996年第2期。

16. 王路:《"是"的逻辑研究》,载《哲学研究》,1992年第3期。

17. 谭立中:《论汉语实词的多功能性与传统思维方式意会性特点之关系》,载《湘潭大学学报》,1995年第4期。

18. [韩]南明镇《中国何以未发展出像西方那样的逻辑学》,载《孔子研究》(济南),1992年第3期。

19. 王克喜:《逻辑与语言——古代汉语与关联性思维之推类》,载《中州学刊》,2003年第2期。